KB180975

**그레타 툰베리와
달라이 라마의 대화**

그레타 툰베리와
달라이 라마의 대화

인간에게는 지구를 보호할 능력이 있다

수전 바우어-우, 툽텐 진파 지음
고영아 옮김

Feedback Loops

▓▓책담

2021년 1월 10일(서반구 시각 1월 9일 저녁) 전 세계에서 백만에 가까운 시청자들이 달라이 라마와 청소년 기후 운동가 그레타 툰베리의 화상 대담을 생방송으로 지켜보았다. 달라이 라마는 자신의 망명정부가 위치한 인도 다람살라에서 10일 오전에, 그레타 툰베리는 스톡홀름에 있는 자신의 집에서 9일 밤 자정이 지난 시각에 영상으로 대담에 참여했다.

대담을 주선한 단체는 달라이 라마가 30년 전에 공동 설립자로 참여했던 '마음과 삶 연구소Mind & Life Institute'였으며, 주제는 '기후 피드백 루프'였다.

자신의 관심사와 관련된 여러 활동을 통해 크나큰 영향력을 행사해온 86세의 불교 티베트 종파 지도자 달라이 라마와,

전 세계 지도자들에게 진실을 외치는 18세 청소년이 주고받은 이 대화에서는 기후 문제와 관련하여 많은 것들이 논의되었으며, 탐구열이 왕성한 두 유명 인사와 시청자들의 이해를 돕기 위해 기후학자들도 참여했다. 방송은 기후 문제와 관련된 유익한 정보를 제공하는 것 이상의 효과를 거두었다.

인류가 직면한 가장 큰 문제에 대하여 달라이 라마와 그레타 툰베리가 함께 그 해결책을 모색했다는 사실은 우리에게 희망을 주었다.

기후 문제는 한 사람이나 두 사람 또는 한 단체가 해결할 수 있는 것이 아니다. 달라이 라마와 그레타 툰베리는 각기 다른 장소에서 각기 다른 현지 시각에 진행된 대담을 통해 세계 인구 75억 명 모두의 힘을 합쳐야만 비로소 기후 위기 문제를 해결할 수 있다는 데 의견의 일치를 보았다. 달라이 라마와 그레타 툰베리가 지구온난화의 원인과 지구의 미래에 관심을 가지고 있다는 사실은 이미 알려져 있지만, 복잡한 수수께끼의 해답이 종종 행간에 숨겨져 있듯이 두 사람 사이에 오간 대화와 그들이 기후학자들과 주고받은 이야기를 통해 우리는 인류가 나아가야 할 새로운 길의 실마리를 찾을 수 있었다. 기후 위기를 해결하는 데 필요한 지식과 능력, 의지, 그리고 실행력을 결합시키는 방법을 터득하는 것이 바로 그 새로운 길이다. 그 길은 두려워할 미래가 아니라 사랑할 미래를 만들기 위해 지금 어떻게 살아야 하는지를 우리에게 가르쳐준다.

"당신들은 어떻게 감히 그럴 수가 있나요?"

그레타 툰베리가 2019년에 열린 유엔 기후행동 정상회담에서 세계 각국 지도자에게 거센 비난조로 던졌던 질문이다. 그레타 툰베리는 달라이 라마, 그리고 기후학자들과 나눈 대화에서는 비교적 부드러운 말투를 유지했지만 기후 위기에 대한 긴박감은 오히려 훨씬 강해 보였다.

달라이 라마와 그레타 툰베리, 그리고 기후학자들 사이에 오간 대화는 우리 모두가 나누어야 할 대화이며, 거기서 제기된 질문은 우리 모두가 답해야 할 질문이다.

우리는 어떻게 그럴 수가 있을까?

우리는 과연 무지로부터 깨어날 수 있을까?

우리는 과연 달라이 라마가 제안하는 것처럼 사고방식을 바꿀 수 있을까? 이제껏 삶에서 우선순위에 두었던 것들을 포기할 수 있을까?

우리는 과연 그레타 툰베리가 말했듯이 제대로 볼 수 있을까? 이제까지 자신이 한 행동이 어떤 결과를 낳았는지 정확하게 볼 수 있을까? 그리고 자신의 행동을 변화시킬 수 있을까?

어떻게 우리는 감히 과학이 제시하는 모든 사실들에도 불구하고 변화되지 않을 수 있을까?

이 책은 우리가 이 질문들에 대한 답변을 함께 찾는 데, 그리고 극심한 파괴의 수렁으로부터 한 걸음 물러서서 지구가 그동안 입은 피해로부터 회복하여 지구를 집으로 삼고 있는 모든 인간과 수많은 다른 존재들에게 살기 좋은 장소로 새롭게 태어나게 하는 데 도움이 될 것이다.

수십 년 전 처음 환경문제를 거론했을 때, 달라이 라마는 인간이 환경 파괴의 위험성을 깨닫기 어려운 것은 환경문제의 특성 때문이라고 지적했다. 전쟁으로 인한 결과는 곧바로 눈으로 확인할 수 있는 반면, 환경 파괴가 미치는 영향은 일상생활에서 바로 깨달을 수 없다. 달라이 라마는 우리가 환경 파괴의 위험성을 분명하게 확인하고 나서야 문제를 해결하려고 한다면 시기적으로 이미 늦을 가능성이 크다고 경고했다.

달라이 라마는 또한 인간의 행동과 그것이 환경에 미치는 영향 사이의 복합적인 인과관계를 더 잘 이해하기 위해서는 상호 의존성 원리에 주목해야 한다고 강조했다. 기후학자들도 기후 피드백 루프 개념을 동원하여 기후 현상의 바탕에 깔린 상호 의존성을 설명했다.

좋은 소식은, 피드백 루프가 현재 부정적인 방향으로 순환하고 있기는 하지만, 긍정적인 방향으로 전환되는 것도 가능하다는 사실이다.

기후 피드백 루프의 순환 화살표가 파괴와 회복이라는 정반대 방향을 둘 다 가리킬 수 있다는 깨달음에는 인간을 비롯한 모든 생명체의 집, 지구의 미래에 대한 희망과 강력한 가능성이 내재해 있다.

현재 지구에 닥친 위기가 인간이 이제까지 경험한 그 어떤 위기보다 훨씬 심각하고 치명적이라는 사실은 점점 더 분명해지고 있다. 극심한 이상기후 현상은 더 이상 새로운 소식이 아니다. 훨씬 자주 발생할 뿐 아니라, 그 정도가 재난을 일으킬 만큼 심해서 세계적으로 큰 위협이 되고 있다. 시베리아를 비롯해서 오스트레일리아, 미국 캘리포니아와 캐나다에서 대규모 산불이 발생해 엄청난 피해를 입혔으며, 심한 폭염으로 많은 사람이 병에 걸리고 사망에 이르기도 했다. 태풍과 토네이도, 홍수, 그리고 가뭄으로 인한 피해도 막심하다. 이상기후로 인한 자연재해 소식은 놀랄 만큼 빠른 속도로 전파되기 때문에 우리는 전 세계에서 거의 매주, 심지어는 거의 매일 새로운 재난이 발생한다고 생각하게 되었다.

재난에 관한 소식을 꾸준히 접하다 보니 문제가 생겼다. 재난이 마치 정상적인 생활의 일부처럼 느껴지기 시작하게 되었다는 점이다. 재난을 알리는 뉴스를 보고 있지만, 그것을 정말로 '보는' 것은 아니다. 지구상의 어떤 장소가 산사태로 파괴되었다는 소식을 들으면 안타깝다는 듯 머리를 흔들지만, 너무 끔찍해서 차마 똑바로 쳐다볼 마음이 들지 않는다. 그런 비극에 무감각한 것이 아니라 아무것도 할 수 없다는 무력감을 느끼는 것이다. 우리는 이 모든 것이 자신과 연관이 있다는 사실을, 어떤 의미에서는 우리 모두의 책임이라는 사실을 마음속 깊이 깨닫지 못한다. 이 연관성을 인식하고 그에 대한 대응책을 찾고 있는 사람들이 이미 있다는 사실을, 그리고 그 사람들의 호소에 귀를 기울인다면 자신도 무언가 할 수 있는 일이 있다는 사실을 모른다.

어쩌면 자연재해와 같은 끔찍한 일은 아주 먼 곳에 사는 '다른 사람들에게나' 일어나는 일처럼 여겨질지도 모른다. 어쩌면 그런 비극은 먼 미래에나 일어날 일이고, 그런 일이 일어나지 않도록 하기 위해 생활 태도를 바꿀 시간이 충분한 것처럼 보일지도 모른다. 그리고 어쩌면 전 세계에서 발생하는 비극에 깊이 공감하면 무력감이나 절망감에 사로잡히게 될까 두려워하는지도 모른다. 세계의 수많은 사람과 동물, 그리고 자연환경이 겪는 고통과 상실을 느낀다면 어떻게 아침마다 아무렇지도 않게 눈을 뜰 수가 있을까?

많은 사람이 최선을 다해 사태를 개선하려고 애쓴다. 환경오염을 막고, 자원을 절약하기 위해 재활용에 힘쓰고, 선거 때에는 환경문제 해결에 적극적인 후보를 지지한다. 심지어는 불확실한 미래에 대비하여 지붕에 태양광 패널을 설치하고, 전기차를 사거나 식단을 채식 위주로 바꾸기도 한다. 이 모든 행동이 바람직하긴 하지만, 그렇게 한다고 해서 기후 비상사태의 현실에서 벗어날 수는 없다. 해수면이 상승하고 극지방 얼음이 녹아내린 뒤 인류가 겪게 될 엄청난 규모의 재앙에 비하면 그런 행동들은 참으로 하찮게 느껴진다.

인류 역사상, 불가능한 것처럼 보이는 어려운 일에 기꺼이 도전하고, 다른 사람들의 행복과 안위를 위해 위험을 감수하거나 자신을 희생하는 사람들은 항상 존재했다. 이런 사람들은 고통 받는 사람들과 위험에 놓인 사람들, 그리고 부당한 일을 겪는 사람들을 외면하지 않는다. 그들이 처한 상황이 잘못되었음을 알리기 위해, 그 상황으로부터 그들을 구하기 위해, 그리고 그 상황을 구조적으로 개선하기 위해 적극적으로 나선다.

이런 사람들이 바로 우리가 영웅이라고 일컫는 사람들, 성인으로 떠받드는 사람들이며, 지도자로 따르는 사람들이다. 정직하고 고결한 인품과 더불어 현재의 상태에 잘못된 점이 있을 때, 그것을 바로잡고 우리에게 해악을 끼치는 이들의 정체를 밝힐 용기를 갖춘 사람들이다. 불교에서는 이런 사람들을 '보디사트바'(여러 생을 거치며 선업을 닦아 높은 깨달음의 경지에 다다른 위대한 사람. '보리살타'라고도 불림)라고 부른다. 그들은 세상의 참모습을 직시하고 크고 작고를 가리지 않고 모든 존재를 고통으로부터 벗어나게 해주기 위해 필요한 모든 일을 기꺼이 하는 사람들이다. 그들은 그 어떤 사람도 결코 포기하지 않는다고 한다. 그들이 행한 일에 관해 듣거나 그들의 행위를 지켜보면 우리는 깊은 감동을 받는다.

우리는 모두 '보디사트바'가 될 수 있는 존재로 태어난다고 한다. 우리 모두가 각자의 내면에 이 세상을 위해 위대한 행동을 할 가능성을 유전인자로 이미 간직하고 있다고 한다.

개인적으로 아는 사람이 아닐지라도, 아이를 잃고 고통스러워하는 부모를 볼 때 슬픔을 느끼게 만드는 것이 바로 이 유전인자다. 이 유전인자가 우리를, 강물에 휩쓸려 떠내려가는 사람을 구하기 위해 세찬 물살로 뛰어들게 만든다. 그리고 그런 행동을 할 가능성은 우리 모두에게 내재해 있다. 이 시대에 우리에게 진정으로 필요한 것은 바로 그 가능성을 실현하는 일이다. 그래야만 지구상에 있는, 인간을 비롯한 수백만 존재의 고통과 죽음 또는 멸종을 막을 수 있으며, 우리 후손들이 살 지구를 망가뜨리지 않을 수 있다. 그리고 그 가능성의 실현은 깨달음과 공부를 통해서, 또 우리 모두 함께할 때 이루어질 것이다.

기후학자들이 심각하게 우려할 뿐만 아니라 이상기후가 우리를 불안에 떨게 만들지만, 더 나은 방향으로 나아갈 길이 있다. 달라이 라마와 기후 행동가 그레타 툰베리가 우리를 그 길로 이끌어주었다. 두 사람이 내면에 간직한 빛은 수백만 명에게 온기를 제공하고 이 세상을 밝힌다.

달라이 라마와 그레타 툰베리가 기후 재난과 관련하여 나눈 대화의 마지막 내용은 더 나은 사람이 되라는 권유로, 인류가 지금까지 받았던 요청 가운데 가장 거부하기 힘든 요청이었다. 더 나은 사람이 되기 위해 우리는 가깝든 멀든 자신을 둘러싼 세상을 좀 더 정확하게 파악해야 하며, 우리가 본래 갖고 있는 선의를 실천해야 한다. 그리고 그것을 공동 목표로 설정하고 함께 노력해야 한다.

달라이 라마와 그레타 툰베리의 대담에는 유명한 기후학자

수전 나탈리Susan Natali와 윌리엄 무마우William Moomaw가 참여해 과학적인 측면에서 내용을 보완했다. 나탈리와 무마우는 달라이 라마, 그레타 툰베리와는 다른 범주에 속하는 영웅이다. 두 기후학자는 지난 몇 년 동안 기후에 관한 진실을 적나라하게 밝힌 대가로 침묵을 강요당하고 심지어는 협박을 받기도 하였으나, 그에 굴하지 않고 끊임없이 기후 위기에 대하여 경고하고 있다. 나탈리와 무마우의 뛰어난 점은 기후 위기의 진행 상황을 연구하는 데 그치지 않고 자연이 본래 가지고 있는, 스스로를 치유하는 불가해한 잠재력을 개발하는 방법을 제시한다는 데 있다.

달라이 라마와 그레타 툰베리의 화상 대담에서는 기후 피드백 루프와 관련된 짧은 영상 몇 개가 소개되었는데, feedbackloopsclimate.com에서 시청할 수 있다. 이 영상들은 무엇이 기후 비상사태를 촉진하는지, 그리고 피드백 루프가 지구 온난화를 심화시키는 데 어떤 역할을 하는지에 대한 가장 최근의 정보를 담고 있다. 또한 그동안 우리가 무분별하게 자원을 남용한 결과, 이제 더 이상 온실가스를 배출하지 않는다 해도 지구는 이미 온난화를 멈출 수 없는 지점에 다가가고 있다는 사실을 알려준다.

사람들은 대부분 이 사실을 알지 못하지만, 전문가들은 이로 인해 밤잠을 이루지 못한다. 그렇다고 해서 상황이 절망적인 것만은 아니다. 과학자들의 연구는 전 세계가 힘을 합쳐 적극적으로 노력하면 기후 피드백 루프가 온난화를 부추기는 것과는 반대 방향으로, 다시 말해 지구 기온이 낮아지는 방향으로 작용할 수 있음을 보여준다.

우리가 미래에 지구에서의 삶을 영위하려면, 너무 늦어서 아무 소용이 없을 때가 아니라 바로 지금 우리 삶을 변화시켜야 한다.

달라이 라마와 그레타 툰베리, 그리고 기후학자들 사이에 오간 대화에서는 불교의 가르침에 대한 이야기도 다루어졌다. 우리는 인간이 우주의 중심이 아니라 다른 모든 존재, 그리고 지구와 밀접하게 연관된 존재라는, 불교, 혹은 달라이 라마의 가르침을 따라야 한다. 이 상호 연관성 또는 상호 의존성의 관점에서 볼 때, 북아메리카 대륙에 사는 사람은 북극 지역에서 일어나고 있는 일에 관심을 가져야 하며, 스칸디나비아반도에 사는 소녀는 아마존의 파괴를 막아야 한다는 책임감을 가져야 한다. 영구 동토층이 녹아 그 안에 잠들어 있던 미생물이 깨어나면 그 지역뿐 아니라 전 세계에 영향을 미치게 된다. 우리가 바로 지금 나무를 심고 산림을 보호해야 하는 분명한 이유다. 수백만 명의 사람들이 달라이 라마와 그레타 툰베리 사이에 오간 대화에 관심을 보였다. 이 책을 통해 또 다른 수백만 명이 미래에 대한 통찰력을 지닌 두 명의 정신적 지도자가 하는 말에 귀를 기울이기 바란다. 그래서 우리가 기후 피드백 루프에 대하여 계속 논의해야만 하는 까닭을, 그리고 우리 자신과 우리 행동을 변화시켜야만 하는 까닭을 이해하게 되기를 바란다.

우리는 달라이 라마와 그레타 툰베리, 이 두 위대한 인물이 우리가 마주하고 있는 위기를 해결하는 데 필요한 모든 자질과 능력을 갖추었다고 생각한다. 그레타 툰베리가 강조하듯이 우리에게는 필요한 "모든 사실과 해결책이 이미 있다." 그리고 달라이 라마가 평생에 걸쳐 주장해온 말처럼 "우리의 사고방식을 새롭게 정립해야 한다."

우리가 보고 싶어 하는 것을 보는 대신 있는 그대로를 볼 때 비로소 변화가 일어난다.

이런 이유로 기후 피드백 루프에 관한 두 사람의 대담을 지켜본 사람들은 모두 깊은 감명을 받았다.

우리가 현재 마주하고 있는 다양한 문제들에 대한 해결책은 이미 존재하고 있다.

과학자들은 지구를 위협하는 이 문제들과 관련하여 이제까지 엄청난 양의 연구를 진행해왔다. 그 덕분에 다행스럽게도 이 문제를 해결하기 위해 인류 전체가 힘을 모아 어떤 공동 대응 전략을 펼쳐야 하는지 분명하게 제시하고 있다. 그러므로 이 문제를 해결하기에 너무 늦은 때가 되고 나서 아무것도 몰랐다고 변명하는 것은 통하지 않을 것이다.

그레타 툰베리처럼 영향력 강한 청소년이 즉각적인 공동 행동을 강력하게 요구한 덕분에 기후변화에 맞서는 싸움은 전 세계의 관심사가 되었다. 그레타 툰베리는 지구상의 모든 나라가 힘을 합쳐 이 문제를 함께 해결해야 한다고 요청한다.

달라이 라마는 인류애를 발휘하여 미래 세대의 삶을 진지하게 걱정해달라고 우리의 집단 양심에 요청한다. 망가질지도 모를 위기에 처한 푸른 행성, 지구에 사는 모든 생명체의 행복이 서로 밀접하게 연관되어 있다는 사실을 분명하게 깨달아야 한다고 강조한다. 이는 우리가 기후 위기를 극복하겠다는 의지를 확고하게 하고 그에 따라 행동한다면, 기후 위기를 해결할수 있다는 것을 의미한다. 그리고 지금 행동해야만 지구가 앞으로도 인류를 비롯한 생명체가 살 수 있는 장소가 될 수 있을 것이다.

이 책은 1월 10일 대담의 진행을 맡았던 사회자 다이애나 채프먼 월시Diana Chapman Walsh와 피드백 루프에 관한 짧은 영상을 제작한 배리 허시Barry Hershey가 공동으로 집필한 머리말로 시작한다. 두 사람은 달라이 라마와 그레타 툰베리가 기후 피드백 루프에 관해 화상 대담을 하게 된 배경을 설명한다.

그다음 부분에서는 달라이 라마와 그레타 툰베리가 화상 대담을 통해 밝힌 견해를 독자들에게 알리고 있다. 이어서 나오는 내용은 기후 피드백 루프에 대한 설명인데, 대담과 영상에 등장한 과학자들의 의견을 바탕으로 이해하기 쉬운 예를 곁들여 진행된다.

이 책을 읽는 독자는 기후 위기에 맞서는 운동에 자연스럽게 동참하는 셈이다. 지구를 구하기 위한 싸움에 앞장선 사람들의 강력한 호소와 의지에 감동받아 기후 위기를 둘러싼 잘못된 논쟁을 바로잡고 생활 방식을 바꾸어야 할 필요성을 절감하게 될 것이기 때문이다.

그렇게 하기 위해 우리는 이 책이 독자 여러분의 마음속에 잠들어 있는 영웅을 깨울 수 있도록 이론과 실제에서 가장 훌륭한 것들을 골랐다. 우리가 힘을 합친다면, 이 세상을 지금 상상할 수 있는 모습보다 더 아름답게 만들 수 있다. 이 위기를 극복할 능력이 있다는 것을 스스로 증명할 수 있다면 우리는 선함과 따뜻함, 아름다움, 그리고 풍요로움으로 가득 찬 세상을 바라볼 수 있게 될 것이다. 그리고 그런 세상을 기쁜 마음으로 미래 세대에게 자랑스럽게 넘겨줄 수 있을 것이다.

2021년 9월

수잔 바우어-우, 툽텐 진파

이 책은 아주 특별한 만남이 이루어진 생생한 순간에 관한 이야기다. 또한 전 세계에 지구의 위기를 알리기 위한 의미 깊은 시도이기도 하다.

그 만남은 세계적인 명성을 누리고 있는 두 인물이 화상으로 처음 얼굴을 마주한 개인적인 만남이었다. 두 사람 다 지구의 존속을 위협하는 문제에 맞서 싸우는 데 온 힘을 다하고 있으며, 너무 늦기 전에 인류가 자신의 삶을 전적으로 변화시키도록 만들기 위해 노력하고 있다. 그리고 서로 상대방의 노력에 감탄한다.

2021년 1월 10일, 달라이 라마와 스웨덴의 기후 운동가 그레타 툰베리는 아름다운 행성 지구에 사는 사람들을 한데로 불러 모았다. 사람들은 자신들이 있는 장소의 현지 시각에 상관없이 두 사람의 부름에 응했다. 나이로는 거의 끝에서 끝이나 다름없이 떨어져 있고, 한 사람은 동양에, 그리고 다른 사람은 서양에 있는 두 정신적인 지도자가 미래에 대한 뛰어난 통찰력을 가지고 인류에게 행동에 나설 것을 촉구했다. 두 사람 모두 기후 비상사태의 긴박성을 절감하고 그 문제에 관하여 논의하기를 원했다. 우리에게 더 나은 사람이 되라고 요구했다. 두 사람은 화상 대담을 통해 의견의 일치를 보았으며, 초점은 명확했다. 바로 기후 피드백 루프 현상에 대한 과학적 설명이었다.

대담의 유일한 목적은 그것을 본 모든 시청자가 변화되는 것이었다.

변화를 일으키는 것은 두 개의 단어다. 하나는 우리가 종종 접하는 단어이고, 다른 하나는 거의 들어본 적이 없는 단어다. 그것은 바로 위기와 가능성이다. 그리고 이 두 개의 단어 배후에 있는 단어가 피드백 루프다.

과학자들은 피드백 루프에 대하여 끊임없이 우려하고 있다. 그러나 여론과 정치가, 언론, 그리고 다른 분야의 권력자들은 대부분 이 문제를 의식하지 못하고 있다. 달라이 라마와 그레타 툰베리의 대담은 피드백 루프가 무엇인지, 그것이 어떻게 작용하는지 밝혔다는 데 의의가 있다.

우리는 피드백 루프로 인해 위기에 놓이게 되었지만, 피드백 루프 현상에 갇힌 자연의 힘은 위기를 벗어날 수 있는 가능성을 지닌, 위기 해결의 결정적인 열쇠다. 지구온난화의 속도를 늦추기 위해, 더 나아가서는 지구 기온이 올라가는 것이 아니라 내려가도록 만들기 위해 자연의 힘이 필요하다. 우리는 자연의 힘이 자연계의 균형을 회복하도록 만들어야 하며 만들 수 있다. 그렇게 하기 위해 행동해야만 한다. 그리고 그 행동은 바로 지금 시작되어야 한다.

달라이 라마와 그레타 툰베리의 화상 대담에는 참여자가 세 명 더 있었다. 이 책 머리말의 공동 필자인 다이애나 채프먼 월시가 대담의 사회자로 진행을 맡았다. 그리고 나머지 두 명은 미국의 과학자들로, 두 사람은 대담에서 처음으로 공개된 짧은 다큐멘터리영화를 만드는 데 참여했다. 영화를 만든 배리 허시는 이 머리말의 공동 필자다. 이 책을 펴낸 두 사람, 마음과 삶 연구소의 소장 수전 바우어-우와 이사장이자 달라이 라마의 영어 통역자 툽텐 진파도 그 대담을 지켜보았다.

거대한 불안감

2021년이 시작되었을 무렵 전 세계는 사회 전체에 강력한 영향을 미치는 사건들을 경험하고 있었는데, 그것이 달라이 라마와 그레타 툰베리의 만남이 이루어지게 된 배경으로 작용했다. 코로나19 팬데믹이 지구상의 모든 나라에 고통과 죽음을 가져오고 사회 모든 영역에 엄청난 타격을 주었다. 그에 더하여 많은 나라가 주로 인종이나 종교 또는 빈부 갈등 문제로 사람들이 서로 잔인하고 부당한 폭력을 행사하는 고통스럽고 충격적인 경험을 했다. 또한 2020년 5월 25일 미국 미네소타 미니애폴리스에서 경찰이 조지 플로이드를 살해한 사건이 도화선이 되어 미국과 세계 각지의 도시에서 시위가 일어났다. 그리고 달라이 라마와 그레타 툰베리의 대담 나흘 전인 2021년 1월 6일, 미국 대통령 선거 결과에 불복하는 폭도들이 워싱턴의 국회의사당을 습격했다.

그와 동시에 코로나19로 인한 광범위하고 심각한 위기는 결과적으로 인간이 다른 선택지가 없다는 확신이 들 때에는 자신과 자신의 행동 방식을 최대한 빠르게 변화시킬 수 있다는 희망을 널리 퍼뜨렸다. 과학자들이 전 세계가 기후 비상사태에 대응하여 이제까지 생각했던 것보다 훨씬 빨리, 그리고 더 극단적으로 변화되어야 한다는 사실을 증명하자 그 희망은 더욱더 중요해졌다.

지구에 살고 있는 모든 생명체의 미래가 직접적인 위험에 놓여 있다. 우리가 지금, 그리고 앞으로 10년 동안 어떤 결정을 내리느냐에 따라 앞으로 수백 년 동안, 심지어는 수천 년 동안 지구의 미래가 달라진다.

이것은 받아들이기 힘든 현실이다. 그래서 우리는 현실을 외면한다. 차라리 다른 문제로 관심을 돌리고 헛된 희망을 품는다. 사태를 직시하는 데에는 용기가 필요한 법이다. 우리의 유일한 집, 지구를 위협하는 현상을 깊이 파고들어 진실을 깨닫는다면 지금 바로 완전히 탈바꿈하는 것 말고 다른 선택지는 없다는 사실을 알게 될 것이다.

화석연료에서 배출된 온실가스로 인해 발생한 온난화 현상에 따라 지구는 기온을 더욱더 상승시키는 연쇄반응을 일으키고 있으며, 조만간 인간의 통제를 벗어날 위험이 크다. 바로 그것이 문제다. 그렇다면 해결책은 과연 무엇일까? 사태의 긴박성을 깨닫고 우리 모두의 지식과 지혜를 동원해 함께 노력할 때, 우리는 온실가스 배출량을 줄일 수 있게 될 것이다. 또한 자연이 가진 최고의 기술을 활용해서 탄소를 원래 있어야 할 장소인 땅속에 저장할 수 있게 될 것이다.

역사적인 만남

기후 피드백 루프 대담은 사회자가 달라이 라마에게 인사를 건네면서 시작되었다. 두 사람은 미국과 다람살라, 그리고 인도 남부 티베트인 거주지 문드곳에서 이미 여러 차례 만난 적이 있는데 마지막 만남 이후 여러 해가 흘렀다. 달라이 라마는 수십 년 전부터 마음과 삶 연구소와 함께 과학과 불교의 교류를 추진해왔으며, 종종 1959년 티베트에서 쫓겨나 망명정부를 이끌게 된 이야기를 털어놓았다. 달라이 라마는 자신이 알고 있는 모든 것을 남겨두고 고향을 등질 수밖에 없었던 난민이다. 지금 기후 난민들의 처지도 달라이 라마와 다르지 않다. 이미 4,000만 명에 이르는 사람들이 자기가 살던 곳이 황폐해져 고향을 떠나야만 했으며, 2050년에는 난민 수가 10억 명에 달할 수도 있다. 달라이 라마의 이야기를 들으면 그가 어떻게 수십 년 동안의 망명 생활 중에도 용기와 품위를 잃지 않았는지 알게 된다. 그리고 우리가 서로를 어떻게 도울 수 있는지, 또한 절망과 트라우마로 가득 찬 어두운 시절에도 인간성을 상실하지 않을 수 있는지에 관하여 많은 교훈을 얻는다.

달라이 라마는 인간과 모든 생명체 사이의 상호 의존성을 일깨운 공로로 1989년 노벨 평화상을 받았다. 그는 노벨상 수상자 가운데 최초로 환경보호의 필요성을 주장하며 적극적인 활동을 펼쳤다. 노벨상 심사 위원들은 달라이 라마가 모든 생명체에 대한 경외와 인간 및 자연을 포함하는 보편적인 책임 의식을 바탕으로 불교 정신에 입각한 평화 철학을 정립했다고 강조했다. 평화와 관련된 주제에 대한 달라이 라마의 가르침은 그의 저서와 강연을 통해 전 세계에 널리 전파되었다.

2021년 1월의 화상 대담에서 달라이 라마를 향한 우리의 첫 번째 질문은 달라이 라마가 2019년 5월에 그레타 툰베리에게 보낸 편지에 관한 것이었다. 달라이 라마가 그레타 툰베리에게 편지를 쓰게 된 계기는 무엇이었나? 왜 그레타 툰베리와 편지 교류를 하고 싶었는가? 왜 그레타 툰베리가 어떤 사람인지 알고 싶었는가? 그리고 달라이 라마는 미래를 위한 그레타 툰베리의 활동이 어떤 의미를 지니고 있다고 평가하는가?

달라이 라마의 따뜻한 응답 이후에 이어진 순서로 우리는 그레타 툰베리에게 감사 인사를 건넸다. 그레타 툰베리의 활동에 대한 감사, 그리고 대담에 참석하기 위해 한밤중인데도 기꺼이 시간을 내준 데 대한 감사였다. 대담 며칠 전인 1월 3일에 그레타 툰베리는 열여덟 살이 되었고, 대담 직후 월요일에는 오랫동안 쉬었던 학교에 다시 나가기로 되어 있었다. 공개적인 인터뷰와 공식적인 발언에서 그레타 툰베리는 종종 자신이 '어른들에게 기후 문제의 심각성을 일깨우기 위해' 어린 시절과 교육을 희생하는 대신, 학교에 다닐 수 있다면 훨씬 좋을 거라고 말한다.

그레타 툰베리가 어른들에게 요구하는 것은 분명하다.

"어른들은 자신들이 만든 사회에서 정치적으로 가능하다고 여기는 것이 무엇인지 말할 것이 아니라, 위기 상황에서 마땅히 해야 할 일을 시작해야 합니다. 우리 청소년들은 그렇게 하고 있습니다. 우리의 희망과 꿈을 되찾고 싶기 때문이죠."

달라이 라마와 그레타 툰베리 사이에 대화가 오간 다음 순서는 피드백 루프에 대한 과학적인 설명에 할애되었다. 왜냐하면 달라이 라마와 마찬가지로 그레타 툰베리 역시 과학적 설명을 통해 사태를 명확하게 밝힘으로써 인류의 당면 과제를 제시하고자 했기 때문이다.

두 과학자가 알린 사실

이미 언급했듯이 평생을 기후변화 연구에 바친 유명한 과학자 두 명이 인류가 현재 처한 상황의 긴박성을 밝히기 위해 대담에 참여했다. 수전 나탈리는 전문적인 지식과 왕성한 활동, 그리고 자연과 인간에 대한 깊은 공감으로 우리에게 큰 감동을 주는 과학자다. 현재 눈과 얼음이 녹고 있는 북극 지역에서 일하고 있는데, 그곳은 아마도 가장 어려움이 큰 지역일 것이다. 신체적으로뿐 아니라 지적이고 정서적인 측면에서도 북극 지역 조사 연구는 무척 어렵다. 나탈리는 미국 매사추세츠주에 있는 '우드웰 기후연구소(기후변화의 영향과 해결책을 연구하는 기관)'에서 북극 연구팀을 이끌고 있다. 그 팀은 여러 분야의 과학자가 모여 북극에 나타난 빠른 변화의 발생 원인과 결과를 조사한다. 나탈리는 녹고 있는 영구 동토층과 북극 지역의 화재가 영구 동토층에 저장된 탄소의 배출에 미치는 영향과 그로 인해 지구 기후에 끼치는 영향을 연구한다. 나탈리의 연구는 북극 지역과 지구 전체를 동시에 다루고 있으며, 과정을 파악하기 위해 여러 시기에 걸쳐 현장 조사를 할 뿐 아니라 원격탐사(대상을 원격으로 측정하는 방법. 좁은 의미로는 인공위성이나 항공기 등 지구 표면을 관측하는 기술을 말함)를 병행하여 컴퓨터 작업을 통해 모델을 수립한다. 우리는 나탈리의 견해를 꼭 듣고 싶었다.

윌리엄 무마우는 지속 가능한 발전과 재생 가능 에너지, 그리고 기후변화에 미친 정치적 영향 등 환경 연구에 관한 혁신적인 논문을 많이 발표했고, 미국 메드퍼드에 있는 플레처스쿨The Fletcher School of Law and Diplomacy(미국 최초의 국제법 및 외교학 전문 대학원) 국제환경정치학과 명예교수로 재직 중이다. 2001년 기후변화에 관한 정부 간 패널IPCC, Intergovernmental Panel on Climate Change(기후변화와 관련한 전 지구적 위험을 평가하고 국제적 대책을 마련하기 위해 세계기상기구와 유엔환경계획이 1988년 공동으로 설립한 국제 협의체. 기후변화의 영향과 국제적 대응 방안을 제시하고 유엔기후변화협약의 의제 실행 여부를 점검하며 평가 보고서를 발행하는 것이 주요 임무)에서 발표한 온실가스 배출 관련 보고서의 주요 저자였으며, 1995년과 2005년, 그리고 2007년 보고서의 주요 저자였다. IPCC는 활동에 대한 공로를 인정받아 2007년 노벨 평화상을 받았다.

나탈리와 무마우는 대담에서 산림과 북극 지역의 영구 동토를 예로 들어 피드백 루프의 작용을 논의했다. 두 사람은 이 두 생태계에 무슨 일이 일어나고 있는지, 어떻게 상호작용을 하고 있는지 설명했다. 무마우는 전 세계 산림의 운명이 북극 지역의 운명에 어떤 영향을 미치는지, 그 반대는 어떤지, 그리고 그것이 인류의 운명에는 무슨 변화를 가져오는지에 대해 언급했다. 또한 인류를 구하기 위해서는 북극 지역이 다시 얼게 만들어야 한다고 강조했다. 북극 지역이 다시 얼게 만들려면 지구 기온을 낮춰야 한다. 지구 기온을 낮추려면 피드백을 멈춰야 한다. 그러기 위해서는 대기 중에 존재하는 온실가스를 줄여야 한다.

가장 최근의 연구는 우리가 산림을 다시 육성하면 현재의 두 배에 해당하는 탄소를 흡수할 잠재력을 갖게 될 것이라는 결과를 보여주고 있다. 우리는 큰 나무들이 대부분의 탄소를 흡수하고 저장한다는 사실을 이용해야 한다. 나무들이 계속 자라서 시급하게 저장되어야 할 탄소를 저장할 수 있도록 만들어야 한다. 나무를 새로 심는 것도 도움이 되기는 하지만 충분한 효과를 내기까지는 오랜 시간이 걸린다.

행동에 나설 때다

우리가 지금 직접적인 위험에 처해 있음은 분명하다. 현재 우리가 직면한 위험은 인간이 산업사회를 발전시킨 방식, 성장 경제, 그리고 농업 생산 시스템과 교통 시스템, 신념 체계와 생활양식을 조직하고 유지해온 방식과 관련이 있다. 대부분의 사람들이 그것을 이미 느끼고 있다. 그런 현실을 깨닫고 나면 우리는 스스로 이렇게 물을 수밖에 없다. 무엇을 해야 할까? 어떤 사람이 되어야 할까? 오늘과 내일, 그리고 남은 생을 어떻게 살아야 할까?

달라이 라마와 그레타 툰베리가 강조하듯이 젊은 기후 운동가들이 정치인들에게 사회·경제적 정의 실현 차원에서 기후변화 대응책을 마련해달라고 촉구하는 일은 긍정적인 변화다. 그것이 유일한 길이다. 그리고 이제 그 길을 함께 걸어가는 것이야말로 우리 모두가 할 수 있는 일이다. 일회성 행동에 그칠 것이 아니라 앞으로 계속해야 할 일이다.

우리는 행동해야 한다. 자신을 위해, 그리고 사랑하는 사람들, 아는 사람들, 알았던 사람들을 위해, 또한 잘 알지 못하거나 아예 모르는 사람들을 위해 행동해야만 한다.

모든 인간과 모든 생명체의 행복을 위해, 우리 운명을 한데 묶고 있는 공동의 미래를 위해 행동해야만 한다.

아침에 눈을 뜨면 자신에게 물어야 한다.

"오늘은 기후변화를 완화시키기 위해 무엇을 할 것인가?"

저녁에 잠들기 전에도 물어야 한다.

"오늘 기후변화를 완화시키는 어떤 행동을 했는가, 그리고 내일은 무엇을 할 생각인가? 내가 알고 있으며 더 이상 방관할 수 없는 현실을 다른 사람들이 깨닫게 하려면 어떻게 해야 할 것인가? 기후 행동에 동참할 파트너로 누가 있을까? 그리고 우리가 대규모의 집단이 될 때까지 나와 내 파트너가 함께하자고 설득할 수 있는 사람은 누구일까?"

우리 행동이 성과를 거둔다면 긍정적인 사회적 피드백 루프가 활성화되리라고 기대할 수 있다. 그렇게 되면 지금 우리를 위협하는 문제에 대항할 만한 국제적 규모의 세력을 확보할 수 있게 될 것이다. 물론 그 전에 일단 피드백 루프가 무엇인지 또 어떤 영향을 미치는지 정확하게 이해하는 것이 급선무다. 이 책이, 그레타 툰베리가 말하듯이, 우리 평범한 사람들이 정부 지도자들을 움직이게 만드는 데, 우리 집이 지금 불타고 있는 것처럼 생각하고 대처하도록 만드는 데 도움이 되기를 바란다. 실제로 우리의 유일한 집, 지구가 지금 불타고 있는 것과 마찬가지 상황이기 때문이다.

다이애나 채프먼 윌시, 배리 허시

차례

3 지금 바로 시작해야 한다

1

달라이 라마와
그레타 툰베리

THE DALAI LAMA

31 May 2019

Ms. Greta Ernman Thunberg
Stockholm
SWEDEN

Dear Greta,

I am writing to express my deep appreciation of your efforts to raise awareness of the climate crisis that faces us all. It is very encouraging to see how you have inspired other young people to join you in speaking out. You are waking people up to the scientific consensus and the urgency to act on it.

I am also an ardent supporter of environmental protection. We humans are the only species with the power to destroy the earth as we know it. Yet, if we have the capacity to destroy the earth, so, too, do we have the capacity to protect it.

It is encouraging to see how you have opened the eyes of the world to the urgency to protect our planet, our only home. At the same time you have inspired so many young brothers and sisters to join in this movement.

I wholeheartedly offer my support for your efforts.

With my prayers and good wishes,

Yours sincerely,

인간에게는 지구를 보호할 능력이 있다

친애하는 그레타,

우리 모두가 직면한 기후 위기에 대한 의식을 일깨우기 위한 그대의 노력에 깊은 감명을 받아 이렇게 편지를 씁니다. 그대의 활동에 영향을 받아 다른 청소년들이 기후 문제에 대하여 목소리를 높이는 모습을 지켜보니 크게 힘이 납니다.

그대는 사람들에게 기후 위기의 심각성을 일깨우고 과학적 사실을 바탕으로 즉각적인 행동의 필요성을 입증하고 있습니다.

나 또한 환경보호 운동의 열렬한 지지자입니다. 우리 인간은 우리가 알고 있는 지금 이 모습의 지구를 파괴할 수 있는 능력을 가진 유일한 종種입니다. 하지만 지구를 파괴할 능력이 있다는 말은 지구를 보호할 능력이 있다는 말이기도 합니다.

그대의 활동을 통해 전 세계가 우리의 유일한 집인 지구를 보호하는 일이 얼마나 긴박한 과제인지 깨닫게 되어 정말 다행입니다. 또한 수많은 청소년이 기후 행동에 동참하게 된 것도 그대 덕분입니다.

그대의 활동을 진심으로 응원합니다.

그대의 소망이 이루어지기를 간절하게 빕니다.

달라이 라마

우리의 모든 희망은 이 새로운 세대에 달려 있습니다.
새로운 세대인 오늘날의 청소년들이
지구를 건강하게 유지해야 한다는 의식이 더 확고하고,
지구를 위협하는 문제를 더 잘 알고 있으며,
자신들의 의견을 더 용감하게 주장하고 있다는 사실은
우리 인류의 행운입니다.

모든 존재는 행복을 원한다

오늘날 우리는 그 어느 때보다 물질적인 시대에 살고 있습니다. 그래서 지금 이 세계와 우리를 둘러싼 환경이 어떤 상태에 있는지, 우리 인간을 비롯하여 모든 동물과 식물에게 지구상에서의 지속 가능한 삶이 실현되려면 어떤 조건들이 충족되어야 하는지에 관해서 명확하게 의견을 밝힌 사람이 드물었습니다. 그레타 툰베리의 연설을 처음 들었을 때 나는 인류가 직면한 문제를 거침없이, 그리고 날카롭게 지적하는 그레타 툰베리를 보고 무척 감탄했으며, 그레타 툰베리의 생각과 말에서 큰 힘을 얻었습니다. 나는 그레타 툰베리를 통해 젊은 세대가 환경문제를 비롯해서 우리 인류가 초래한 갖가지 문제들에 대하여 진지하게 고민하고 있다는 사실을 확인하고 인류의 미래에 희망을 품었습니다.

나뿐 아니라 모든 나이 든 세대는 많은 문제를 발생시켰습니다. 이것은 부인할 수 없는 사실입니다.

특히 환경문제에 관한 한 내가 속한 세대의 이제까지 행동은 전적으로 잘못되었습니다. 오늘날의 기후 위기는 우리 나이 든 세대가 과거에 저지른 잘못이 만든 문제입니다. 지금 우리는 이 위중한 문제에 대한 해결책을 찾아야만 합니다. 솔직하게 말해서 나는 내가 속한 세대가 이 문제를 해결할 창의적이고 구체적인 방안을 찾는 데 도움을 줄 수 있을 것이라고 생각하지 않습니다. 사실 나를 비롯해서 우리 세대 많은 사람이 조만간 이 세상에 더 이상 존재하지 않게 될 것이기 때문입니다. 그러므로 우리 지구의 미래를 결정하는 것은 현재의 젊은 세대여야 합니다.

우리의 모든 희망은 이 새로운 세대에 달려 있습니다. 새로운 세대인 오늘날의 청소년들이 지구를 건강하게 유지해야 한다는 의식이 더 확고하고, 지구를 위협하는 문제를 더 잘 알고 있으며, 자신들의 의견을 더 용감하게 주장하고 있다는 사실은 우리 인류의 행운입니다. 이 새로운 세대는 수많은 생명체와 공유하고 있는 유일한 집인 지구의 건강을 지켜야 할 도덕적인 책임이 우리에게 있다는 사실을 충분히 이해하고 있습니다.

그렇기 때문에 그레타 툰베리와 같은 청소년의 목소리를 듣는 것은 무척 기쁜 일입니다. 그레타 툰베리가 하는 말은 우리 지구와 인류 전체의 미래에 대한 진심 어린 걱정에서 나온 것입니다.

그레타 툰베리가 자신의 의견을 밝히기 위해 나선 것은 지구상에 있는 모든 존재의 미래가 위협받고 있는 오늘날의 상황에 희망적인 신호입니다. 왜냐하면 모든 존재는 행복하게 살기를 원하기 때문입니다. 생명의 의의는 행복해지는 데 있습니다. 인간만이 아니라 동물들도, 심지어는 벌레까지도 모든 살아 있는 것들은 행복을 추구합니다. 그리고 지금 불안에 휩싸여 있습니다.

이제 인간으로 돌아가서 인간의 두뇌 이야기를 해보겠습니다. 인간의 두뇌는 다른 생명체들과 비교할 때 아주 특별합니다. 인간은 두뇌는 인간을, 지능을 갖춘 창의력이 있는 존재로 만듭니다. 하지만 그것이 전부가 아닙니다. 지구 밖에서 지구를 내려다본다면 바로 이 두뇌 때문에 지구를 가장 망치는 존재가 바로 인간이라는 사실을 깨닫게 될 것입니다.

다른 생명체들은 양분을 섭취하고 번식하며 잠을 자는 데 일생을 보내는 반면, 인간들은 그런 활동만으로 만족하지 않습니다. 인간은 다양한 관심사와 욕구, 소원과 갈망, 욕망과 감정을 지닌 존재입니다. 예를 들어 슬픔의 경우 다른 생명체도 비슷한 감정을 느낄 수는 있으나 인간만큼 강하게 느끼지는 못합니다. 그리고 오직 인간만이 다른 생명체들과 다르게 먼 미래에 대한 꿈을 꿀 수 있습니다. 또한 자신의 존재가 지니는 의미를 생각하느라 많은 시간을 보내는 것도 오로지 인간뿐입니다.

인간에게 고유한 이 특성은 어떤 의미가 있을까요? 그리고 어떤 결과를 낳을까요? 인류의 역사를 돌이켜보면 이 질문에 대한 해답을 얻을 수 있습니다. 인간은 지구에 살고 있는 모든 종種 가운데 다양한 방식으로, 그리고 큰 규모로 유익한 것들을 만들어낼 수 있는 유일한 존재입니다. 동시에 다양한 방식으로, 그리고 큰 규모로 문제를 만들어낼 수 있는 유일한 존재이기도 합니다. 예를 들어 지구와 지구의 기후를 파괴할 능력이 있는 유일한 존재입니다. 그리고 지금 우리가 바로 그렇게 하고 있습니다. 우리에게 닥친, 해결해야만 하는 환경문제들 대부분이 우리 인간들이 만들어낸 것입니다.

어떻게 이런 일이 일어날 수 있을까요? 인간의 두뇌는 그토록 특별하고 대단하면서도 왜 어떤 부분에서는 그토록 근시안적인 생각밖에 하지 못하는 걸까요? 어째서 인간은 '나를'이나 '나의' 또는 '우리'를 벗어나지 못하고 자기중심적일까요? 왜 항상 이 작은 범위에 머물고 마는 걸까요? 왜 우리는 장기적인 관점에서, 그리고 근본적인 조건들을 고려하면서 생각하는 대신 당장 눈에 보이는 것에 사로잡혀 결정을 내리는 걸까요?

이기심의 충족은 분명 인간이라는 종의 생존에 장점으로 작용했으며, 생물학자들은 이것이 진화론적 관점에서 볼 때 인간의 특성 중 매우 중요한 부분이라고 말합니다. 그러나 이제는 인간의 특성 가운데 하나인 사회적 동물로서의 본성에 관심을 가지고 의미를 부여해야 합니다. 우리는 오로지 자신의 이익만 추구하는 행동이 결국 인간에게 불행을 가져오게 된다는 사실을 언젠가는 인정했어야만 했는데 그렇게 하지 못했습니다. 자신만의 행복이 아니라 다른 사람들의 행복을 위해 노력하는 태도가 오히려 개인적인 행복을 달성하는 데 매우 중요합니다. 왜냐하면 인간에게 주어진 공감하는 본성 덕분에 우리는 행복에 결정적인 역할을 하는 사회적 관계를 맺을 수 있기 때문입니다. 그러므로 개개인의 삶과 행복, 성취는 다른 사람과의 관계에, 그리고 그가 속한 공동체에 좌우됩니다. 우리 모두 개인으로서든 가정이나 국가의 구성원으로서든 다른 사람의 도움을 받아야 합니다.

예전에는 상황이 달랐습니다. 인류의 역사를 돌이켜보면 인간은 수천 년 동안 뿔뿔이 흩어진 채 작은 공동체 안에서 독자적으로 생활해왔습니다. 하지만 현재 엄청난 규모로 늘어난 전 세계 인구를 감안할 때 작은 공동체 중심의 사고방식은 더 이상 의미가 없습니다. 이제는 사고방식을 바꿔야 할 때입니다. 인류 모두가 함께 노력할 때에만 원하는 결과를 얻을 수 있다는 사실을 인정해야 합니다.

고대로부터 현재에 이르기까지 우리는 동서 간에, 남북 간에, 그리고 서로 다른 종교와 피부색, 언어 때문에 갈등과 분쟁을 겪어왔습니다. 하지만 이 모든 것들은 이제 더 이상 중요하지 않습니다. 더 이상 의미가 없습니다. 오늘날, 온 세계가 서로 밀접하게 얽혀 있고 특히 지구를 위협하는 기후 위기를 눈앞에 둔 상황에서 그런 갈등과 분쟁은 큰 의미가 없습니다. 우리에게 지금 당장 필요한 것은 인류가 결국 하나의 운명 공동체라는 의식, 지구상의 모든 사람을 다 합쳐서 '우리'로 묶는 감정입니다. 우주에서 찍은 지구 사진을 처음 보았을 때 나를 사로잡았던 강렬한 느낌을 지금까지도 기억합니다. 당시 내 마음속에는 지구의 아름다움에 대한 경탄과 모든 인류가 결국 하나라는 황홀한 깨달음, 그리고 우주 안에 있는 지구의 연약함에 대한 놀라움이 몰아닥쳤습니다.

그레타 툰베리와 달라이 라마의 대화

나이 말고도 다른 많은 부분에서
우리에게는 아주 큰 차이가 있지만
그럼에도 불구하고 우리의 목표는 같습니다.

우리의 목표는 같다

달라이 라마께서 저에게 보내신 편지에 감사드립니다. 저에게는 무척 큰 의미가 있습니다. 또한 2021년 1월 그분과 함께 기후 피드백 루프라는, 참으로 중요한 문제를 놓고 대화를 나눌 수 있었던 것에도 감사드립니다. 달라이 라마께서 환경보호와 환경 운동을 적극적으로 지지해주시는 것에도 매우 감사드립니다. 청소년 세대를 대표하는 한 명으로서 감히 말씀드린다면 달라이 라마께서 저희 청소년들의 미래를 위한, 좀 더 정확하게 말하면 청소년들만이 아니라 인류 전체와 지구 전체의 미래를 위한 활동에 동참해주신다는 것이 얼마나 큰 의미가 있는지 알고 있습니다.

나이 말고도 다른 많은 부분에서 우리에게는 아주 큰 차이가 있지만 그럼에도 불구하고 우리의 목표는 같습니다. 그것은 바로 우리 인류의 삶과 지구를 보호하는 일입니다. 이 목표를 달성하기 위한 활동을 달라이 라마께서 기꺼이 도와주신다니 무척 기쁩니다.

전 세계 지도자들에게 보내는 메시지

(그레타 툰베리의 2019년 유엔 기후행동 정상회담 연설에서 발췌. 이 연설은 '경각심을 일깨우는 분노의 외침'으로 평가된다. 당시 뉴욕에서 열린 회의에 참석하기 위해 보트를 타고 대서양을 횡단한 그레타 툰베리는 처음으로 각국 정상 앞에서 기후 피드백 루프의 의미에 대하여 연설했다.)

당신들은 공허한 말로 제 꿈과 어린 시절을 빼앗았습니다. 그렇지만 저는 그나마 운이 좋은 편입니다. 고통 받고 있는 사람들이 있으니까요. 죽어가는 사람들이 있습니다. 생태계 전체가 무너져 내리고 있습니다.

우리는 지금 대멸종이 시작되는 지점에 와 있습니다. 그런데도 당신들은 오로지 돈과 영원한 경제성장이라는 꿈같은 일에 대해서만 이야기할 뿐입니다. 어떻게 감히 그럴 수가 있나요!

30년이 넘는 지난 세월 동안 과학은 지구가 처한 상황에 대하여 일치된 견해를 분명하게 밝혀왔습니다. 그런데도 어떻게 그 사실을 계속 외면할 수가 있나요? 그 어느 곳에서도 지구를 구하기 위한 정책과 문제 해결의 방안이 보이지 않는데, 어떻게 이 상황에 충분히 대처하고 있다는 말을 할 수가 있나요?

당신들은 우리가 하는 말에 귀를 기울이고 있다고, 사태의 긴박성을 이해한다고 주장합니다. 하지만 저는 그 말을 믿을 수가 없습니다. 왜냐하면 당신들이 정말로 현재의 상황을 이해하고 있으면서도 행동하지 않는 거라면 당신들은 그야말로 악마나 다름없기 때문입니다. 아무리 슬프고 화가 난다고 해도 저는 당신들이 악마라고 생각하고 싶지 않습니다.

10년 안에 온실가스 배출량을 절반으로 줄이자는 의견이 현재 바람직한 해결책으로 제시되고 있지만, 그렇게 한다 해도 지구 기온 상승 폭을 섭씨 1.5도 아래로 유지할 가능성은 50퍼센트에 지나지 않습니다. 그리고 지구온난화로 인해 기후와 생태계에 인간이 통제할 수 있는 범위를 넘어서는, 결코 되돌릴 수 없는 연쇄반응이 일어나게 될 위험이 있습니다. 당신들에게는 50퍼센트의 가능성이 받아들일 만한 수치라고 여겨질지도 모릅니다. 하지만 그것은 기후 피드백 루프의 영향, 그리고 그로 인해 기후변화가 티핑포인트에 도달하게 될 가능성을 염두에 두지 않은 것입니다. 또한 기후 정의와 같은 중요한 측면, 즉 기후변화의 원인으로 지목되는 온실가스 배출량이 가장 적은 개발도상국이 오히려 기후 재난으로 인한 피해를 가장 심하게 받고 있다는 사실을 전혀 고려하지 않은 것입니다. 당신들은 우리 세대가 미래에 어떤 신기술을 개발하여 당신들이 대기 중에 배출한 수천억 톤의 이산화탄소를 제거해낼 거라고 믿고 싶어 합니다.

기후변화가 초래하는 결과를 감당하고 살아야 하는 우리로서는 50퍼센트의 위험성은 절대로 받아들일 수 없습니다. IPCC가 제공한 자료에 따르면 지구 기온 상승 폭을 섭씨 1.5도 아래로 유지할 가능성이, 최대한 높게 평가했을 때 67퍼센트라고 합니다. 하지만 그 숫자가 과연 얼마나 현실성이 있을까요? 2018년 1월 1일에 남아 있는 탄소 예산carbon budget(산업혁명 이전 대비 지구 평균기온 상승 폭을 섭씨 1.5도 아래로 유지하기 위해 허용 가능한 탄소 배출량 상한선)이 420기가 톤이었는데, 2019년 9월에 벌써 350기가 톤 정도로 줄었습니다. 현재의 배출량 규모를 감안한다면 지금 남아 있는 탄소 예산 마저도 2027년 이전에 완전히 소진되어버릴 것입니다. 그런데 당신들은 어떻게 감히 이제까지의 생활 방식을 조금도 바꾸지 않으면서 몇 가지 신기술로 이 문제를 해결할 수 있는 척하나요?

당신들은 그 수치가 너무나 불편하니까 현재 남아 있는 탄소 예산을 고려하지 않고 해결책이나 계획을 제시한 것입니다. 당신들은 아직도 상황을 있는 그대로 인정할 준비가 되어 있지 않습니다.

당신들은 우리를 실망시키고 있습니다. 그러나 우리 세대는 당신들이 우리를 기만하고 있다는 사실을 깨닫기 시작했습니다.

모든 미래 세대의 눈이 당신들을 주시하고 있습니다. 당신들이 우리가 살아갈 지구를 구하기 위해 행동하지 않는다면, 장담하건대 우리는 당신들을 절대로 용서하지 않을 것입니다.

우리는 당신들이 책임을 회피하는 것을 더 이상 두고 보지는 않을 것입니다. 바로 지금, 바로 여기까지가 우리가 참을 수 있는 한계입니다. 전 세계가 깨어나고 있습니다. 당신들이 좋아하든, 좋아하지 않든 변화는 다가오고 있습니다.

자신의 태도와 행동 방식이
예측 불가능한 위험을 초래할 수 있다는 사실을
우리는 미처 생각하지 못하고 있습니다.

과학의 적극적인 참여가 필요하다

앞에 인용된 유엔 연설에서 저는 이미 기후 피드백 루프에 대하여 언급했습니다. 사실 그 연설이 상당히 감정적이고 과격했다는 점은 저도 의식하고 있습니다. 하지만 기후변화의 심각성과 그에 따른 위험성을 알고 있는 사람들이 너무 적습니다. 이 문제에 대하여 논의하는 사람들을 찾아보기 힘들 뿐 아니라 논의가 된다고 해도 아주 작은 범위에서 이루어질 뿐입니다. 이러한 상황이 벌어진 것은 무엇보다도 과학이 이 문제에 지나치게 소극적으로 관여하고 있기 때문입니다.

그러므로 우리는 모든 수단을 동원하여 기후 위기의 실상을 알리고 현재 무슨 일이 일어나고 있는지 얘기해야 합니다.

제가 아는 사람들 가운데 기후 피드백 루프에 관해 한 번이

그레타 툰베리와 달라이 라마의 대화

라도 들어본 사람은 극히 소수에 지나지 않습니다. 그리고 그로 인해 기후변화가 소위 티핑포인트를 향해서, 일단 넘어서면 결코 돌이킬 수 없는 결과를 초래하는 지점을 향해서 가고 있다는 사실을 들어본 사람도 거의 없습니다.

그런데 기후 피드백 루프는 우리가 살고 있는 이 세계가 어떻게 기능하고 있는지 이해하는 데 중요한, 심지어는 핵심적인 요소입니다. 그것은 지구상의 모든 것들이 얼마나 서로 밀접하게 연관되어 있는지, 얼마나 복잡하게 얽혀 있는지 보여줍니다. 또한 우리의 태도와 행동 방식이 어떤 결과를 낳는지 보여줍니다. 우리는 자신을 둘러싼 환경과 자연을 제대로 이해하지 못하고 있습니다. 그래서 지금 지구상에서 발생하는 문제가 저절로 해결될 것이라고 믿고 있습니다. 자신의 태도와 행동 방식이 예측 불가능한 위험을 초래할 수 있다는 사실을 우리는 미처 생각하지 못하고 있습니다. 하지만 우리가 이해하지 못하는, 그리고 예상할 수 없는 것들이 분명히 있습니다. 그리고 이것들이 일단 움직이기 시작하면, 많은 경우에 우리는 그 움직임을 더 이상 멈추지 못할 것입니다.

기후 피드백 루프를 올바르게 이해하고 고려하지 않는다면 기후변화 문제를 제대로 다룰 수 없으며, 그로 인해 발생하는 기후 재난을 결코 해결하지 못할 것입니다.

기후변화와 그에 따른 결과에 대응하려면, 반드시 기후 피드백 루프를 제대로 이해해야 합니다.

2

가장 위험한
기후 피드백 루프

기후 피드백 루프란 무엇인가?

기후 피드백 루프는 자체적으로 지구온난화 현상을 증폭시키는 순환 고리, 다시 말해서 온난화로 인해 더워진 지구가 온난화를 더욱 가속화시키는 원인으로 작용하게 되는 것을 가리키는 용어다.

우리가 사용하는 석유와 석탄, 천연가스 등의 화석연료로 인해 지구는 점점 더워지고 있다. 화석연료가 연소될 때 배출되는 이산화탄소와 메탄, 그리고 산화질소 같은 온실가스가 대기에서 차지하는 비중은 유례를 찾아볼 수 없을 정도로 높다. 산업혁명 이전 대비 지구 기온의 상승 폭을 섭씨 1.5도 아래로 제한할 것인가, 아니면 섭씨 2도로 제한할 것인가 논쟁이 벌어지고 있는 동안에도 기후 위기는 점점 더 심각해지고 있는 실정이다.

문제는 지구의 평균기온이 농업을 비롯한 많은 인간 활동 영역만이 아니라 인간의 안락한 삶 전체를 위협할 정도로 너무 높으며, 시간이 지날수록 더 높아지고 있다는 데 있다.

지구온난화는 단지 우리가 배출하는 온실가스만으로 일어나는 현상이 아니다. 여기에는 다른 요인이 작용하고 있다.

배출된 온실가스의 영향으로 지구 기온이 올라가면 높아진 기온이 다시 그 자체로 지구의 온난화를 가속화시키는 결과를 가져와 결국은 더 이상 멈출 수 없는 단계로 진입할 것이다. 그때가 되면 이산화탄소와 메탄, 산화질소와 같은 온실가스 배출량을 제로로 감축한다고 해도 아무 효과가 없을 것이다.

생태학자이며 식물학자이고 또한 미국의 환경 단체인 '환경방어기금Environmental Defense Fund'의 공동 설립자인 조지 우드웰George Woodwell은 50년 전부터 피드백 루프의 위험성에 대하여 여러 차례 경고했다. 우드웰은 미국 매사추세츠주 우즈홀에 있는 '우즈홀 연구소Woods Hole Research Center'의 설립자이기도 한데, 그 연구소는 우드웰의 업적을 기리기 위해 현재 '우드웰 기후연구소'라는 이름으로 운영되고 있다.

우드웰은 1989년, 대중 과학 잡지로 유명한 〈사이언티픽 아메리칸Scientific American〉에 발표한 논문에서 인간의 활동으로 인해 발생한 온난화 현상이 온난화 자체가 원인이 되어 더욱 가속화될 수 있다고 지적했다.

이것이 의미하는 바는 분명하다.

10년 안에 배출량을 절반으로 줄이겠다는 계획은 무난한 해결책이고 실현 가능한 것처럼 들릴지도 모른다. 하지만 그레타 툰베리가 2019년 유엔 기후행동 정상회담에서 강조했듯이, 목표가 달성된다 하더라도 지구 기온 상승 폭이 섭씨 1.5도 아래에 머물 가능성은 50퍼센트에 불과하다.

그런데도 그 계획을 추진한다면 그건 생태계와 기후에 더 이상 통제할 수 없는 연쇄반응이 일어날 위험을 무릅쓰겠다는 것이다.

지구 기온 상승 폭을 섭씨 1.5도 아래로 유지하는 데 성공한다고 해도 지구에 빠른 속도로 끔찍한 기후 재난이 닥칠 가능성은 너무나 높다.

그런데 과학자들이 '피드백 루프'라고 부르는, 이 '돌이킬 수 없는 연쇄반응'은 정확히 무엇일까?

우리에게 친숙한 피드백은 음향 피드백이다. 예를 들어 기타와 마이크, 스피커만 있으면 음향 피드백이 생기게 할 수 있다.

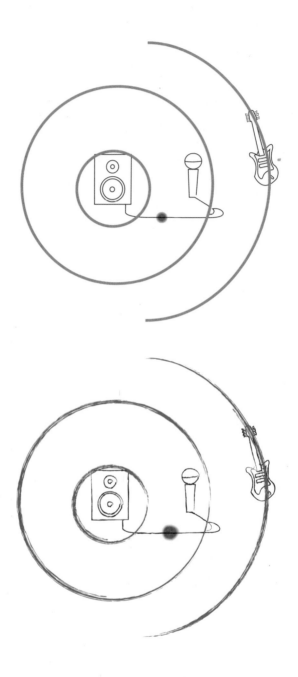

그레타 툰베리와 달라이 라마의 대화

마이크를 스피커에 너무 가깝게 대면 고막을 찢을 듯한 날카로운 고음이 난다.

이 날카로운 고음은 스피커에서 나는 소리가 다시 마이크로 입력되면서 발생한다. 출력된 소리가 다시 입력되면서 처음 소리보다 증폭되어 출력되기 때문에 '양성 피드백'이라고 하며, 이처럼 출력된 결과를 다시 입력 측에 되돌려 출력하는 과정이 반복적으로 나타나는 것을 '루프(전산에서, 명령어를 일정하게 반복해서 실행하는 것)'라고 부른다.

인간으로 인한 기후 피드백 루프가 지구에 끼치는 피해는 음향 피드백에서 날카로운 고음이 점점 더 커지는 현상과 같은 양상을 보인다. 다만 마이크에 입력되는 기타 소리 대신 화석연료가 연소되면서 나오는 배출 가스가 원인이라는 점만 다를 뿐이다. 대기 중으로 배출된 가스는 태양에너지를 흡수하여 지구 기온을 상승시키고, 더워진 지구는 자체적으로 온난화를 가속화시키는 과정을 되풀이하게 된다.

기후변화에서 '양성 피드백'은 다음과 같은 과정을 거친다.

◎ 인간의 활동으로 지구 기온이 올라간다.

◎ 더워진 지구가 다시 지구 기온을 더 올리는 과정이 반복된다.

◎ 시스템은 '날카로운 고음의 비명을 지른다.' 계속 반복되면서 비명 소리를 증폭시키는 피드백 과정은 결국 시스템의 붕괴를 초래한다. 음향 피드백이 음향을 파괴하는 것처럼 기후 피드백 루

프는 기후를 파괴한다.

기후 피드백 루프는 온난화 자체가 온난화를 더 심화시키는 원인으로 작용하는 순환 과정이 되풀이되는 현상이다.

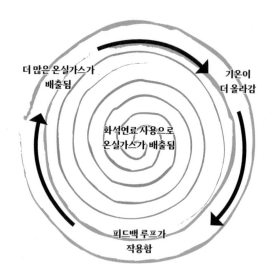

기후 피드백 루프는 앞으로 언젠가 맞닥뜨리게 될지도 모를 때에 대비해 충분히 시간을 갖고 대응책을 강구해도 되는 문제가 아니다.

과학자들은 벌써 기후에 영향을 미치기 시작한 수십 개의 기후 피드백 루프를 발견했다. 기후변화에 악순환을 가져오는 일련의 과정이 이미 시작되었으며, 우리는 반드시 그 과정을 이해해야만 한다. 그러지 않으면 지구 전체가 끔찍한 기후 재난을 피할 수 없을 것이다.

이 책에서는 기후에 미치는 영향력이 가장 크고 또 가장 위험한 결과를 가져오는 네 가지 기후 피드백 루프에 대하여 상세하게 알아보기로 하겠다. 그 네 가지는 다음과 같다.

영구 동토 피드백 루프 : 북극 지역의 영구 동토층이 녹으면서 이산화탄소와 메탄을 내뿜는다. 이 두 가스는 대기에 머무르면서 지구 기온을 더 상승시킨다.

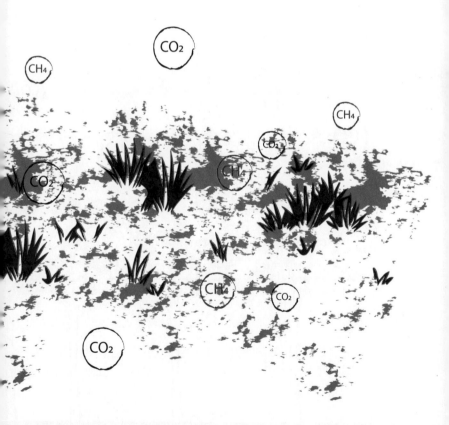

산림 피드백 루프 : 지구 기온 상승으로 인해 날씨가 점점 더워지고 건조해지면 나무들이 가뭄과 산불, 그리고 병충해에 희생된다. 나무가 줄어들수록 나무가 흡수했어야 할 탄소가 더 많이 대기 중에 남아 있게 된다. 그 결과 기온은 더욱더 올라가고 그로 인해

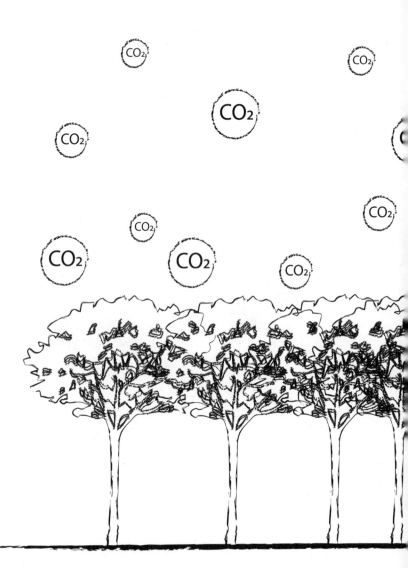

나무가 더 많이 죽게 된다. 나무가 불타거나 썩으면 그동안
저장하고 있던 탄소가 뿜어져 나와 대기 중으로 배출되는데,
그 영향으로 기온이 올라가 다시 나무를 더 많이 죽게 만드는
악순환이 되풀이된다.

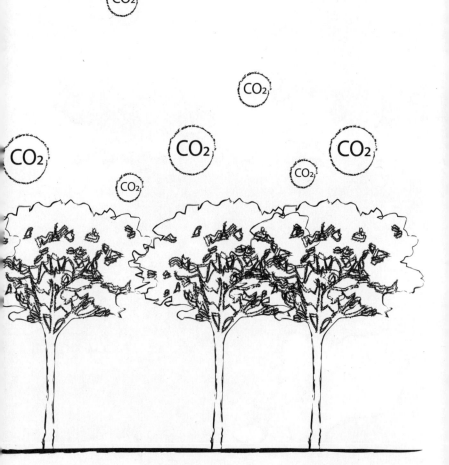

대기 피드백 루프 : 대기에 포함된 수증기는 대부분이 바다와

호수에서 증발된 것인데 이 수증기도 온실효과를 일으키는 가스다.

지구 기온이 상승하면 수증기가 더 많이 증발되어 대기에 포함되고

그 결과 온실효과가 더 강해져서 지구 기온을 더 상승시킨다.

그리고 이 연쇄 작용은 계속 심해지면서 지구온난화를 더욱더

가속화시킨다. 북극 지역이 더워지면 제트기류(대기 상층부에서 띠 형태로
빠르게 이동하는 바람으로, 북극 지역의 찬 공기를 가두는 역할을 함)가 약해져서
남쪽의 더운 공기가 더 많이 북극 지역으로 유입된다.
그 결과 북극 지역의 기온은 다시 더 올라가면서 제트기류를
더 약화시키는 악순환이 가속화된다.

반사율 피드백 루프 : 지구에는 태양이 보내는 빛을 우주로 반사하는 자체적인 능력이 있다. 그런데 특히 북극 지역에서 눈과 얼음이 녹으면서 지구의 반사율(태양광을 반사하는 정도에 따라 0부터 1까지의 숫자로 표시한 비율. 태양광을 잘 반사할수록 1에 가까움)이 줄어들고 있다. 그 결과 지구의 기온은 더 높아지고 이는 다시 남아 있는 눈과 얼음을 녹게 만드는 결과를 낳는다.

이상의 네 가지가 가장 영향력이 큰 기후 피드백 루프로, 온실가스의 배출량을 증가시켜 지구 기온을 급격하게 상승시킴으로써 지구온난화 과정이 계속 반복되게 만드는 요인들이다.

각각의 기후 피드백 루프는 단독으로도 지구온난화를 부추긴다.

두 가지 이상이 동시에 작용할 경우, 기후 피드백 루프는 통제 불가능 상태에 빠진다.

그레타 툰베리와 달라이 라마의 대화

지금 대책을 세운다면 기후 피드백 루프의 작용을 늦추거나

멈출 수 있으며, 심지어는 서서히 반대 방향으로 움직이게

바꿀 수도 있다. 하지만 그렇게 하지 않는다면 지구는 결국 과학자들이

'티핑포인트'라고 부르는 한계점을 넘어서서 더 이상 되돌릴 수 없는

상황에 놓이게 될 것이다. 그리고 그렇게 되면 우리가 오늘날 알고 있는

세상은 더 이상 존재하지 않게 될 것이다.

'티핑포인트'란 무엇인가?

지구의 미래를 위협하는 '티핑포인트'는 정확하게 어떤 지점일까? 공을 언덕 위로 밀어 올리는 장면을 떠올려보자. 일단 꼭대기에 도달하면 공은 순식간에 우리 손에서 벗어나 언덕 아래로 굴러떨어진다. 그렇게 되면 도저히 붙잡을 수가 없다.

기후 시스템에도 이런 '공들'이 있다.

이 공들을 곧장 언덕 위로 밀어 올린다.

언덕 꼭대기가 바로 '티핑포인트'다.

　기후 시스템의 공들이 언덕 반대편 아래로 굴러떨어지거나 심지어는 골짜기에 이미 내려가 있다면 손쓰기에 너무 늦은 상황이 되고 만다. 그렇게 되면 지구에 살고 있는 75억가량의 인구에게는 피할 수 없는 대재앙이 닥친다. 지구는 더 이상 인간이 살아가는 데 필요한 생활환경을 제공하지 못하게 된다.

배출 가스는 왜 지구 기온을 높이는가?

　지구와 지구의 대기권은 항상 인간에게 적합한 생활환경을 제공해왔다. 그것이 가능했던 이유는 쉽게 이해할 수 있는 물리적인 현상과 관계가 깊다. 태양광은 대기권을 통과해 지구에 도달하는데, 대기의 대부분은 산소와 질소로 구성되어 있다. 지구에 도달한 태양광 가운데 일부는 지구에 흡수된다.

　나머지 태양광은 다시 우주로 반사된다. 대기 중에 자연적으로 포함되어 있는 이산화탄소와 메탄, 수증기가 없다면 지구에 흡수되지 않은 태양광은 전부 우주로 반사될 것이다. 이산화탄소와 메탄, 수증기가 대기에서 차지하는 비중은 무척 작지만 이 기체들이 없다면 생명체들의 지구에서의 삶은 불가능할 것이다. 왜냐하면 이 기체들이 지구에서 반사되는 태양광 에너지를 가두어 지구의 기온을 높이기 때문이다. 이 기체들로 인한 온실효과가 없다면 지구의 기온은 너무 낮을 것이다.

　열을 보존해주는 온실가스의 비중은 전체 대기 가운데 1퍼센트도 채 되지 않는다. 하시만 우리가 살고 있는 지구의 기온을 지금처럼 유지시켜주는 중요한 역할을 하고 있다.

대기 중의 온실가스 비중이 높아지면 흡수되는 태양에너지의 양이 많아지면서 그 결과로 지구 기온이 상승한다. 그러므로 지구에 살고 있는 우리 인간의 생존과 건강은 온실가스의 비중이 정확하게 꼭 필요한 만큼만 유지되어야 지켜질 수 있다. 지구는 온실가스가 너무 적으면 얼어붙고 반대로 너무 많으면 견딜 수 없을 정도로 달아오른다.

온실가스가 너무 적어 지구 기온이 급격하게 내려가는 것도, 그리고 너무 많아 극단적으로 올라가는 것도 현실적으로 충분히 일어날 수 있는 일이다. 또한 과거 지구에 나타났던 기후변화를 기록한 지질학적 자료들이 알려주고 있듯이 지구의 지질학적 역사에서 실제로 발생했던 일이기도 하다.

기후학자들이 밤잠을 설치는 것은 바로 이 지질학적 자료들의 의미를 알고 있기 때문이다. 이 자료들은 기후 피드백 루프가 항상 존재했으며 통제 불가능한 상태에 이르면 기후 시스템이 '날카로운 고음의 비명'을 지르게 된다는 사실을, 그리고 그로 인해 지구의 기후가 급작스럽게 변한다는 사실을 보여준다.

우리가 지금 급격한 기후변화를 겪는 시기에 처해 있을 가능성은 결코 배제할 수 없다.

우리는 아직 기후 피드백 루프가 지구의 기후를 어떻게, 얼마나 변화시키게 될지 정확하게 파악하지 못하고 있으며 이는 매우 우려되는 상황이다. 무슨 일이 닥칠지 모르지만 지구의 역사를 돌이켜보면 심각한 위기가 될 수 있기 때문이다. 급격한 기후변화는 항상 그 당시 지구에 살고 있던 생명체들에게 끔찍한 비극을 가져왔다.

지구는 빙하기에 그랬던 것처럼 눈덩이로 변할 수 있다. 그렇게 되면 우주에서 바라보는 지구는 바다처럼 푸른색이 아니라 눈처럼 하얀색으로 보일 것이다. 지구의 표면 대부분이 눈과 얼음으로 덮여 있을 것이기 때문이다.

지구는 정반대의 상황도 겪은 적이 있다. 그야말로 얼음이 모두 녹아버렸으며 숲이 우거지고 습지가 많은 극지방은 당시 지구의 지배종이었던 공룡들에게 최적의 서식지가 되었다.

과거에 지구의 기후변화를 일으킨 것은 태양과 지구에서

자체적으로 발생한 복잡한 과정이었다. 하지만 지금은 다르다. 지구 역사에서 처음으로 인간이 기후변화의 원인이 되었다.

자연적인 기후 변동 주기에 의하면 지구는 현재 기온이 서서히 낮아지는 시기에 속해 있어야 한다. 나무의 나이테, 석순, 빙하 코어(땅속 깊은 곳에 숨겨져 있는 얼음을 뽑는 '빙하 시추'를 통해 얻은 길쭉한 원통형 얼음), 산호, 호수나 해저의 퇴적물과 꽃가루, 그리고 역사적인 자료나 개인의 일기와 같은 인간의 기록 등 이른바 기후 프록시 자료(어떤 물리적 형태로 과거 기후를 알려주는 자료로 고기후학에서 과거 기후를 재현하는 데 사용함)를 통해 분석한 결과 지구의 기온은 지난 7,000년 동안 조금씩 낮아졌다.

22,000년 전이었던 가장 최근의 빙하기 이후에 지구의 기온은 서서히 올라갔다가 다시 조금씩 낮아지기 시작했다. 그리고 이러한 추세는 지금으로부터 270년 전 산업혁명이 일어난 시기까지 계속되었다. 산업혁명 이후 인간은 엄청난 양의 이산화탄소를 대기 중에 배출했으며, 그로 인해 대기 중 이산화탄소의 농도는 산업혁명 이전에 비하면 280ppm에서 417ppm 이상으로, 50퍼센트 가까이 증가했다. 이산화탄소 배출량이 현재와 같이 유지된다면 21세기 말에는 최소한 지금의 두 배인 800ppm이 될 수 있다.

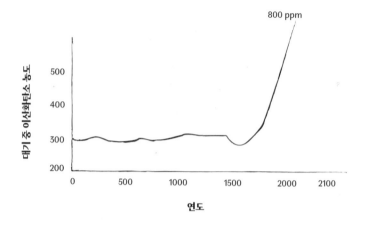

인간이 해마다 배출하는 이산화탄소 가운데 약 25퍼센트는 바다가 흡수한다. 나머지 75퍼센트 가운데 31퍼센트를 식물이 흡수하고 44퍼센트는 대기 중에 남아 있다. 그런데 자연이 자체적인 능력으로 이산화탄소를 흡수하는 비율은 해마다 점점 줄어들고 있다. 산림이 파괴되고 바닷물의 온도가 높아지고 있기 때문이다. 그 결과 대기 중 이산화탄소의 양은 시간이 지날수록 늘어나며 지구의 평균기온을 더욱더 높이고 있다.

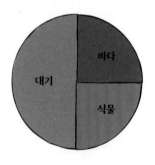

그레타 툰베리와 달라이 라마의 대화

인간의 활동이 없다면, 다시 말해서 인간이 배출하는 이산화탄소를 비롯한 다른 온실가스의 영향이 없다면 지구의 기온은 산업혁명 이전과 마찬가지로 서서히 낮아지는 중일 것이다. 하지만 그와는 정반대의 상황이다. 대기 중에 포함된 지나치게 많은 온실가스가 태양에너지를 너무 많이 가두는 바람에 지구의 기온은 더 올라가고 기후 피드백 루프가 작용하여 지구는 점점 더 더워지고 있다.

기후 연구의 선구자이며 과학 발전에 크게 기여한 공로로 미국 대통령으로부터 '미국 국가과학상^{National Medal of Science}'을 받은 워런 워싱턴^{Warren Washington}은 1960년대에 이미 기후 모델을 통해 대기 온도 상승의 미래와 기후 피드백 루프의 역할을 예측했다. 현재 국립대기연구소^{National Center for Atmospheric Research}에서 특별 연구원으로 활동 중인 워싱턴은 오랜 연구를 바탕으로 만든 기후 모델 덕분에 우리가 현재 마주하고 있는 기후변화와 미래에 맞게 될 기후 위기에 대하여 예측할 수 있었다. 워싱턴의 연구와 같은 기후 연구는 장차 닥칠지도 모를 재난을 막기 위한 대책을 세우는 데 매우 중요하다.

인류는 온갖 능력을 동원하여 기후 현상을 다루어왔으나, 정확한 과학적 분석의 한계에 부딪혔다.

이제까지의 연구가 어느 정도 성과를 거두었다는 점은 다행이다. 수십 년 동안의 기초연구 덕분에 컴퓨터를 이용한 기후 모델을 통해 비교적 정확하게 우리에게 무슨 일이 닥칠지,

재난을 피하기 위해 우리가 해야 할 일이 무엇인지, 그리고 기후 정책에 필요한 방침이 무엇인지 예측할 수 있게 되었다. 그러나 기후에 관한 연구는 앞으로도 계속 진행되어야 한다.

이 문제와 관련하여 미국의 '우드웰 기후연구소' 소장 필 더피Phil Duffy는 다음과 같이 경고한다.

"기후 정책은 기후변화에 영향을 미치는 중요한 요소들이 한계치를 넘어서지 않도록 수립해야 합니다. 그러지 않을 경우 위험 부담이 매우 커질 것입니다. 왜냐하면 우리에게는 아직 온난화의 영향에 대한 구체적이고 정확한 지식이 없기 때문이지요. 어디까지 괜찮을지, 어느 정도의 온난화까지 감당할 수 있을지 우리는 전혀 모릅니다. 섭씨 2도 상승은 괜찮을까요? 아니면 섭씨 1.5도까지는 괜찮을까요? 자칫 때를 놓쳐 돌이킬 수 없는 연쇄반응이 일어나게 된다면, 우리는 최악의 사태가 발생하는 것을 무력하게 지켜봐야만 할 것입니다."

상황이 이토록 심각한데도 우리는 여전히 온실효과를 일으키는 이산화탄소와 다른 가스들을 대기 중으로 배출하고 있다. 우드웰 기후연구소에 근무하는 또 다른 과학자 마이클 코Michael Coe는 인상적인 비유를 들어 오늘날의 우리 행동을 묘사하고 있다.

"지금 우리가 하는 행동은 마치 짙은 안개 속에서 운전을 하는 것과 같습니다. 우리는 앞쪽 어딘가에 절벽이 있다는 걸 알고는 있지만 정확한 위치는 모릅니다. 그런데도 계속해서 시속 60마일(약 96Km)로 달려야 할까요? 아니면 시속 10마일로 속도를 늦춰야 할까요?"

우리에게는 아직 선택권이 있다. 가스 페달에서 발을 떼야 한다. 산림 벌채를 멈추고 지구를 다시 녹색으로 만들어야 한다. 그렇게 해야만 기후 피드백 루프의 작용이 멈추고 심지어는 반대 방향으로 움직여 지구 기온을 낮출 수 있다.

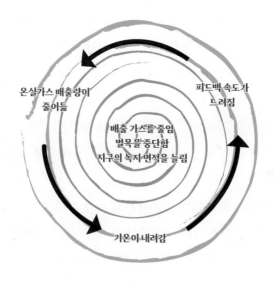

온실가스 배출량이 줄어듦

피드백 속도가 느려짐

배출 가스를 줄임
벌목을 중단함
지구의 녹지 면적을 늘림

기온이 내려감

기후 피드백 루프 문제의 해결책은 근본적으로 화석연료 사용을 중단하고 더 나아가 녹색 지구를 만들어내는 데 있다. 그것 말고는 다른 방법이 없다.

다행히 이 문제와 관련하여 무척 고무적인 일이 있다. 몇 년 전 덴마크의 수도 코펜하겐은 2025년까지 세계 최초의 탄소 중립 도시로 탈바꿈하겠다는 야심찬 계획을 발표했다. 코펜하겐은 현재 기후 친화적인 도시 정책을 실천한 모범적인 도시로 전 세계에서 인정받고 있다.

또한 몇몇 국가는 10년 내지 12년에 이르는 기간 동안 에너지 정책을 탈석탄으로 전환하는 데 큰 진전을 보였다. 이들 국가는 기후 보호와 더 깨끗한 공기 이상의 효과를 얻었다. 탈석탄 정책을 추진하는 동안 경제가 급격하게 성장했기 때문이다. 이렇듯 지금 당장 본격적으로 탈석탄 에너지 정책을 실천해야 한다는 데에는 충분한 이유가 있다.

물론 이런 에너지 전환만으로 하루아침에 문제가 해결될 수 있다는 뜻은 아니다. 탈석탄 정책이 충분히 실효를 거둔다고 해도 기후가 정상으로 회복되기까지는 꽤 오랜 시간이 걸린다.

이렇게 말하니 그다지 심각하지 않게 들릴지도 모르지만 실제 상황은 훨씬 나쁘다. 왜냐하면 지금 당장 이산화탄소 배출량을 제로로 줄인다고 해도, 기후 시스템이 자연적인 과정을 거쳐 다시 산업혁명 이전의 단계로 돌아가려면 수천 년이 걸리기 때문이다.

그런데 우리는 탄소 제로 실현과는 까마득하게 먼 삶을 살고 있다. 지금과 같은 형태의 산업 발전이 지금과 같은 속도로 계속된다면 머지않아 대기 중 이산화탄소 농도는 산업혁명 이

전 대비 세 배 정도로 증가하게 될 것이다.

과학자들의 판단에 따르면, 산업혁명 이전 대비 두 배로 증가한 현재의 대기 중 이산화탄소 농도로 인해 지구 기온 상승폭이 심지어는 섭씨 8도에 이르게 될 가능성이 충분하다. 그런 일이 실제로 일어난다면 수백만 명이 목숨을 잃고 수많은 생물 종이 지구상에서 사라질 것이다.

이제까지의 논의에 비추어 다음과 같이 말할 수 있다. 우리에게는 기후 위기를 해결하는 데 필요한 지식과 기술이 있다. 기후 피드백 루프의 작용을 멈추게 할 수 있으며, 심지어는 반대 방향으로 움직이게 할 수도 있다. 하지만 정치와 경제 분야에서 이 문제의 해결에 나설 결정권자가 필요하다. 그들이 사태의 긴박성을 깨달아야 한다. 또한 대중의 적극적인 관심과 동참이 필요하다. 대중들이 이 문제의 해결에 필요한 근본적인 변화를 실천해야 한다. 탄소 배출을 줄이기 위해 모든 사람이 모든 분야에서 노력하는 그런 사회가 필요하다. 그러한 노력이야말로 자신들의 자녀 세대와 또 그다음 세대의 삶을 더 건강하고 행복하게 만든다는 사실을, 아니 어쩌면 미래 세대의 삶 자체를 가능하게 만든다는 사실을 사회 구성원 모두가 분명하게 알고 있는 그런 사회가 필요하다.

결코 쉽지는 않을 것이다. 우리는 너무 오랫동안 이 문제를 무시해왔다. 이 문제의 심각성을 깨닫고 있는 사람들은 아직까지 그저 소수에 불과하다.

"지구는 괜찮을 것입니다. 반면에 우리가 살아가는 동안 유감스럽게도 많은 생물 종이 사라지겠지요. 하지만 지구는 과거에도 여러 차례 대멸종을 겪었습니다. 그래서 나는 지구의 미래에 대해서는 걱정하지 않아요. 내가 걱정하는 것은 우리 인류의 미래입니다."

— 매사추세츠공과대학 기상학과 교수 케리 이매뉴얼Kerry Emanuel

인류 역사상 큰 변화를 주도한 것은 사람들이었습니다.
우리는 더 이상 기다려서는 안 됩니다.
지금 당장이라도 변화를 시작할 수 있습니다.
우리 모두는 그렇게 할 수 있습니다.

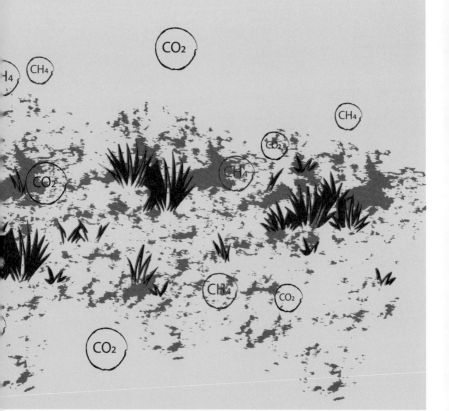

영구 동토 피드백 루프

지극히 위험한 순환 작용의 시작

북반구 고위도 지방 대부분의 땅은 수만 년 내내 얼어 있는 상태를 유지했다. 이 땅이 녹으면서 생기는 변화는 지역 주민들이 부츠를 고무장화로 바꿔 신는 일로 끝나지 않는다. 땅속에 얼어 있던 동식물성 유기물(동식물의 잔해)이 분해되면서 이산화탄소와 메탄을 배출한다. 우리가 너무나 모르고 있는, 지극히 위험한 순환 작용이 시작되는 것이다. 아직은 멈출 수 있지만 조만간 더 이상 멈추지 못할 움직임이다.

일생을 기후변화 연구에 바친 수전 나탈리는 특히 북극 지역의 기온이 급격하게 상승한 데 주목하여 현장 조사와 실험실에서의 연구를 바탕으로 세상에 잘 알려지지 않은 사실을 보여준다. 나탈리는 미국 매사추세츠주에 있는 우드웰 기후연구소에서 북극 연구팀을 이끌고 있으며 북극 온난화를 연구하는 과학자들 가운데 세계적으로 손꼽히는 전문가다.

기후변화는 여러 가지 심각한 문제를 발생시켰다. 전 세계에 대규모의 산불과 폭염, 홍수와 가뭄이 빈번해졌다. 하지만 기후변화의 심각한 영향을 가장 뚜렷하게 보여주는 것은 북극 지역에 나타난 현상으로, 그 지역 주민들을 10년 넘게 불안에 빠뜨리고 있다. 기후 피드백 루프 중 하나인 영구 동토 피드백 루프에 대하여 나탈리만큼 많은 지식을 갖고 있는 사람은 거의 없다. 영구 동토 피드백 루프는 전 세계 다른 지역보다 두 배 빠른 속도로 북극 지역의 기온을 상승시키고 지역 주민의 삶을 변화시키고 있다. 이 피드백 루프가 어떻게 작용하는지 아주 간략하게 정리하면 다음과 같다.

- ◎ 기온이 올라간다.
- ◎ 영구 동토층이 녹는다.
- ◎ 미생물이, 동식물에 유기 화합물 형태로 존재하는 탄소를 분해한다.
- ◎ 이산화탄소와 메탄이 배출된다.
- ◎ 기온이 더 올라간다.
- ◎ 영구 동토층이 더 많이 녹는다.
- ◎ 이 순환 과정이 되풀이된다.

북극 지역에 정확하게 무슨 일이 일어나고 있으며, 어떤 결과를 낳을까?

북반구 전체 면적의 약 15퍼센트에 해당하는 땅은 얼음으로 덮여 있다. 지금까지 1년 내내 얼어 있는 상태를 유지해왔던 땅, 소위 영구 동토층이다. 지표면으로부터의 깊이가 심지어는 수천 미터에 이르는 이 땅속에는 수십 억 톤에 해당하는 동식물의 잔해가 언 상태로 파묻혀 있다. 그런데 인간의 활동이 부추긴 온난화의 영향으로 영구 동토층이 서서히 녹으면서 동식물의 잔해도 함께 녹고 있다. 이는 매우 심각한 문제로, 우리는 이 문제를 지금까지 간과하고 있었다는 점에서 비난을 피할 수 없다. 영구 동토층의 해동이 얼마나 큰 문제인지는 두 개의 수치만 보아도 충분히 알 수 있다. 영구 동토층에 포함된 탄소량은 현재 대기 중 이산화탄소의 형태로 존재하는 탄소량의 두 배이며, 전 세계 모든 산림에 저장된 탄소량의 세 배다.

위험한 미생물

영구 동토층에 저장된 탄소의 양이 이토록 많다는 사실 자체만으로는 문제가 되지 않을 수도 있다. 탄소가 저절로 이산화탄소로 변해 대기 중으로 배출되는 것은 아니기 때문이다. 하지만 영구 동토층이 녹으면서 현미경으로나 볼 수 있는 아주 작은 생물들, 소위 미생물이 깨어나 활동을 시작하는데 그 활동은 매우 해로운 결과를 초래한다.

미생물 연구의 권위자인 케임브리지대학교 교수 앤드류 태넌챕Andrew Tanentzap은 우리가 미생물에 주목해야 할 이유를 이렇게 말한다.

"지구에 존재하는 모든 미생물의 무게를 합친다면 지구에 살고 있는 모든 동물 무게의 50배 정도 될 것입니다."

미생물은 녹기 시작한 영구 동토 안에 있는 동식물의 잔해를 영양분으로 취한다. 이것 또한 그 자체만으로는 문제가 되지 않을 것이다. 문제는 미생물이 영양분을 취하는 과정에서 부산물로 이산화탄소와 메탄을 발생시킨다는 점이다.

기온이 올라갈 때 미생물의 활동이 더욱 활발해진다는 사실을 관찰하고 싶다면 부엌에서 간단한 실험을 해볼 수 있다. 냉동 상태의 닭고기를 꺼내 조리대에 두고 주말 동안 여행을 떠나보자. 집에 돌아오면 온 집 안에 역겨운 냄새가 가득하고 닭고기가 부패하기 시작한 것을 확인할 수 있을 것이다. 영구 동토층이 녹으면 그 안에 있던 동식물의 잔해에도 이와 똑같은 현상이 나타난다. 동식물의 잔해에 포함된 탄소는 미생물의 활동에 일종의 연료로 작용하는데 그 과정에서 이산화탄소와 메탄이 배출된다.

이러한 과정이 기후 피드백 루프로 어떻게 작용하는지 간단하게 요약하면 다음과 같다.

화석연료의 사용으로 인한 온실가스 배출 때문에 북극 지역의 기온이 올라가 영구 동토층이 녹는다. 그 결과 미생물이 수천 년 된 동식물의 잔해를 분해하면서 이산화탄소와 메탄이 발생하여 온난화를 더욱 부추김으로써 더 많은 영구 동토층이 녹게 만든다. 그리고 이 과정은 계속 되풀이된다.

미생물의 활동으로 배출되는 온실가스가 이산화탄소인지, 메탄인지는 미생물이 탄소를 소화하는 환경에 따라 달라진다. 호수 표면이나 단단한 땅처럼 산소가 풍부한 환경에서는 이산화탄소가 배출되고, 진흙투성이인 호수 바닥이나 습지처럼 산소가 부족한 환경에서는 메탄이 배출된다. 메탄이 보존하는 열기는 이산화탄소의 30배 정도다.

대기 중에서 메탄은 같은 양의 이산화탄소에 비해 30배 강한 온실효과를 내는 것이다.

1억 5,000만 톤의 이산화탄소와 메탄

지극히 불길한 이 과정은 아직 시작 단계에 있다. 지금까지 녹은 영구 동토층은 극히 일부에 불과하며, 영구 동토 피드백 루프는 이제 막 움직이기 시작했다. 하지만 점차 그 속도가 빨라지고 있는 상황이다.

다양한 영구 동토층에서 채취한 빙하 코어를 통해 영구 동토층의 해동이 지구 기후에 미치는 영향을 판단할 수 있다. 채

취된 얼음을 실험실에서 분석하면 그 영구 동토층이 얼마나 많은 탄소를 함유하고 있는지 알 수 있으며, 그로부터 미생물의 활동을 통해 배출될 이산화탄소의 양이 얼마나 될지 계산해낼 수 있다. 대부분의 경우 빙하 코어의 색깔만 보아도 충분히 짐작할 수 있다. 유기질이 풍부한 늪지대 깊은 곳에서 캐낸 얼음은 암갈색을 띠고 있는데, 이는 탄소를 많이 포함하고 있다는 뜻이다. 과학자들은 영구 동토층이 녹으면서 대기 중으로 배출되는 이산화탄소와 메탄의 양이 21세기 말까지 1억 5,000만 톤에 이를 것이라고 예상한다.

1억 5,000만 톤의 이산화탄소와 메탄은 우리의 상상을 넘어서는 범위이니, 우리가 상상할 수 있는 규모와 비교해보기로 하겠다. 미국은 온실가스 배출량이 전 세계에서 두 번째로 많은 나라다. 현재의 배출량을 기준으로 지금부터 21세기 말까지, 다시 말해서 2100년까지 미국의 연간 총 배출량을 모두 합친다면 1억 5,000만 톤이 될 것이다.

영구 동토층 해동 문제에 아무런 대책을 세우지 않는다면, 아주 작은 이 미생물들이 앞으로 78년 동안 미국에 있는 모든 자동차와 화물차, 선박과 비행기, 그리고 공장과 발전소에서 나올 총 배출량과 맞먹는 규모의 온실가스를 발생시킬 것이다.

최근의 추세는 아주 잘못된 방향으로 나아가고 있다. 지난 몇 년 동안 영구 동토층이 매우 **빠른** 속도로 녹고 있는 것이다. 툰드라 지대의 기온은 특히 높다. 일부 지역에서는 이제까지 상상할 수 없었던 섭씨 32도라는 높은 기온을 나타냈다.

영구 동토층의 해동은 기후에만 영향을 미친 것이 아니라, 그 지역의 풍경을 완전히 바꾸어놓았다. 영구 동토층을 연구하는 과학자들은 현장 조사를 나섰다가 그 전까지 단단했던 땅이 푹 꺼지는 일을 겪기도 한다. 과학자들은 그런 일뿐 아니라 더 규모가 큰 변화가 매우 빨리, 1년도 안 되는 짧은 기간 안에 일어날 조짐이 보이는 것이 이제까지 경험하지 못했던 일이라고 말한다.

단적인 예로, 시베리아 북동부에 있는 두바니 야르에 나타난 변화를 들 수 있다. 이곳의 영구 동토층은 이전과는 비교할 수 없을 만큼 큰 규모로 녹아 수천 년 동안 유지되었던 지반 구조를 거의 붕괴시켰다. 얼어 있던 흙더미가 무너져 내리면서 수십 미터 높이의 절벽이 생겼다. 가까이 다가가 관찰해보면 언 상태로 흙 속에 수천 년 동안 박혀 있던 잔뿌리들이 보인다. 이 뿌리들은 일단 녹기 시작하면 1년 안에 다 썩어버린다.

그뿐 아니다. 영구 동토층이 녹으면서 분화구 같은 구멍이 생기기도 하는데 그 원인은 두꺼운 얼음 아래 응축되어 있던 메탄으로 추정된다. 녹기 시작한 얼음이 메탄가스의 압력을 이기지 못해 결국 폭발하면서 구멍이 생기는 것이다. 이 구멍은 1, 2년 사이에 호수가 되는데 이 호수들은 특히 많은 메탄을 대기 중으로 뿜어낸다.

영구 동토층의 해동으로 형성된 많은 호수들은 불을 붙일 수 있을 만큼 많은 양의 메탄을 대기 중으로 내보낸다.

영구 동토층의 해동은 단지 북극 지역에만 문제를 일으키는 것이 아니다. 그로 인해 발생하는 추가적인 온난화가 전 세계의 대기에 영향을 미쳐 많은 국가에 온갖 형태의 기후 재난을 일으킨다. 예를 들어 미국 중서부의 흉작, 아프리카의 가뭄과 홍수 또는 인도의 기록적인 폭염 등이 바로 그런 경우다.

영구 동토 피드백 루프로 인한 또 다른 변화는 지역에 따라 분포하는 식물 종에 나타난 변화로, 이는 매혹적이면서도 위험하다. 영구 동토 피드백 루프에 대한 지식이 있는 사람들조차 이 현상에는 무지한 경우가 많다. 지구의 기온이 올라가니 남쪽 지역에만 분포했던 식물 종이 북쪽으로 이동한다. 그 전까지 솔잎이라는 단조로운 선택지에 만족해야 했던 미생물에게 이들 중 많은 식물이 훨씬 영양이 풍부한 영양 공급원이 된다.

구체적으로 설명하면 단풍나무나 떡갈나무와 같은 낙엽수들이 북쪽 지역에 새롭게 자리를 잡으면서 미생물은 훨씬 많은 유기물을 영양분으로 확보하게 된다. 더 많은 영양분을 확보한다는 것은 곧 미생물의 활동이 더 활발해진다는 뜻이다. 이 과정을 통해 그동안 특히 산소가 부족했던 진흙투성이 호수 바닥과 낙엽으로 덮인 호수 표면에서 본격적으로 상당한 양의 메탄이 발생하게 된다.

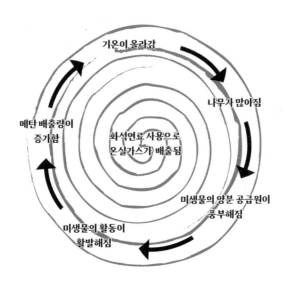

기온이 올라감

나무가 많아짐

메탄 배출량이
증가함

화석연료 사용으로
온실가스가 배출됨

미생물의 양분 공급원이
풍부해짐

미생물의 활동이
활발해짐

앤드류 태넌첩은 이 현상에 대하여 다음과 같이 강조하고
있다.

"대량의 메탄을 발생시키는 식물 종이 남쪽에서 북쪽으로
이동하는 현상은 세계 대부분의 호수가 있는 북부 위도에서만
보이는 것이 아니라, 미국 북동부의 뉴잉글랜드 일부 지역에서
도 보입니다. 또한 캐나다 온타리오주와 미국 미시간주의 상당
부분과 미국의 일곱 개 주에 걸쳐 있는 오대호 지역에서도 찾
아볼 수 있습니다."

남쪽에서 북쪽으로 분포지를 옮긴 식물 종은 낙엽수만이
아니다. 태넌첩의 지적에 따르면 부들도 그런 식물에 해당한다.
부들은 습지에 널리 분포하는 식물로 특히 호숫가나 늪지대에서 빽빽한 군락을 이룬다. 태넌첩과 그의 연구팀이 부들에 의한 메탄 발생량을 소나무와 떡갈나무, 단풍나무 등과 비교할 때마다 그 결과는 아주 심각했다. 독특한 형태의 열매(붉은 갈색을 띤 긴 원통형) 때문에 '굴뚝 청소기', '가로등 청소기' 혹은 '대포 청소기'라는 별명을 갖고 있는 이 식물이 우거진 호수에서 발생시키는 메탄은 다른 나무들이 있는 호수의 400배나 되었다.

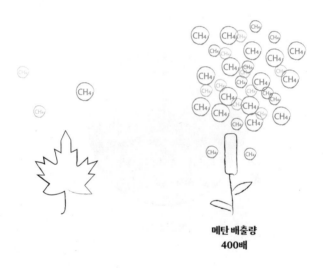

메탄 배출량
400배

부들의 개체 수 변화 예측 모델에 따르면 앞으로 50년 안에 북쪽 지역의 호숫가에 두 배로 늘어날 전망이라고 한다. 부들의 증가는 결과적으로 메탄 발생량의 증가를 의미하며, 북쪽 지역의 모든 호수에서 발생하는 메탄의 총량은 70퍼센트 증가할 것으로 예상된다.

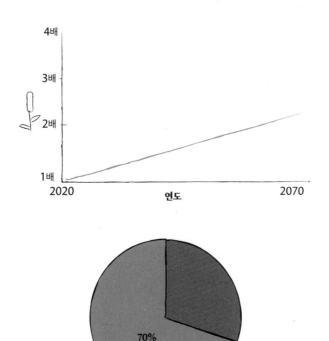

메탄 배출량

　　지구 전체의 기후변화 관점에서 고려할 때 영구 동토 피드백 루프는 더 이상 간과할 문제가 아니다. 하루빨리 대비책을 세워 영향력을 약화시켜야 한다.

아직 선택할 기회가 있다

우리가 선택할 수 있는 첫 번째는 이제까지의 생활 방식을 고수하여 영구 동토 피드백 루프가 통제 불능이 되도록 방치하는 것이다.

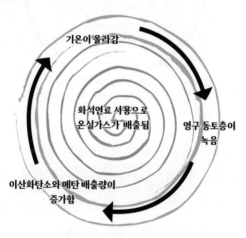

두 번째 선택은 생활 방식을 바꾸는 것이다. 우리는 지속 가능한 미래를 보장하는 새로운 삶의 방식을 도입할 수 있다. 화석연료의 사용을 자제하고 지구를 다시 녹지 가득한 공간으로 바꿀 수 있다. 그렇게 한다면 영구 동토 피드백 루프는 물론이고 다음에 설명할 다른 피드백 루프들의 작용도 늦출 수 있으며, 궁극적으로는 아예 반대 방향으로 움직이게 해서 보다 건강한 지구를 만들 수 있다.

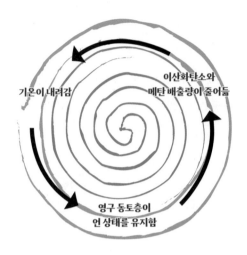

이산화탄소와
메탄 배출량이 줄어듦

기온이 내려감

영구 동토층이
언 상태를 유지함

　온난화를 억제할수록 영구 동토층이 녹아서 발생하는 이
산화탄소와 메탄의 양은 줄어들 것이다. 지구 기온은 더 낮아
질 것이며, 점점 더 많은 영구 동토층이 언 상태로 남아 있거나
혹은 이미 녹았더라도 다시 얼게 될 것이다.

　우리에게는 아직 그렇게 만들 기회가 있다. 하지만 벌써 쉽
지가 않은 상황이다. 현재 지구상의 일부 영구 동토층은 해동
으로 인해 물리적 영향을 너무 많이 받아서 원래 상태로 회복
하는 것이 거의 불가능하다. 하지만 다른 지역에서는 이미 녹
았으나 다시 언 상태로 되돌릴 수도 있다.

　그렇게 되기 위해서는 지구에 살고 있는 우리 모두의 협력
이 필요하다. 왜냐하면 지구를 둘러싼 대기 중에는 어디에서
무엇으로부터 발생한 것이든 모든 온실가스가 한데 뒤섞여 있

기 때문이다. 그러므로 우리는 유럽이든 아시아든 아프리카든 기후 친화적인 행동을 통해 영구 동토층이 녹지 않게, 혹은 다시 얼게 만드는 데 협조해야 한다.

어디에서든 지구온난화를 억제하는 데 기여하는 사람은 자신이 살고 있는 나라와 대륙만이 아니라 지구 전체의 온난화를 억제하는 데 기여하는 것이다.

영구 동토 피드백 루프의 작용을 멈추거나 되돌리고자 한다면, 이 문제의 해결이 얼마나 중요한지 정책 결정자들에게 끊임없이 강조해야 한다. 그들에게 이 문제가 우리 모두에게 직접적인 영향을 미치고 있다는 사실을 이해시켜야 한다. 바로 그것이 우리의 행복과 건강, 그리고 우리가 원하는 삶을 누릴 수 있는 기회와 관련되어 있기 때문이다.

다음으로 필요한 것은 이제까지 어느 곳에서도 볼 수 없었을 정도로 규모가 큰 집단행동이다. 그리고 그 집단행동은 국가별로 또 국제적으로 이루어져야 한다.

여기서 과학은 매우 중요한 역할을 한다. 과학의 임무는 우리에게 아직 선택할 기회가 남아 있는 한 정책 결정자와 우리 모두에게 인류가 지구에서 맞게 될 미래의 다양한 가능성을 계속해서 명확하게 제시하는 일이다.

영구 동토층을 다시 얼게 하자

1년 내내 얼어 있는 땅인 영구 동토층이 녹으면 그 지역의 풍경은 전체적으로 달라진다. 땅이 꺼질 수도 있고 도로와 주택이 망가질 수도 있으며, 지역 주민들의 삶도 위험해진다. 영구 동토층의 해동으로 인한 영향은 해당 지역에 끼치는 직접적인 피해로만 끝나는 것이 아니다. 지구 전체의 평균기온을 상승시켜 전 세계에 영향을 미친다. 그 원인은 영구 동토층에 저장되어 있는 어마어마한 양의 유기 탄소다. 영구 동토층에는 현재 대기 중에 포함된 탄소량의 두 배, 그리고 지구상의 모든 나무와 숲에 저장된 탄소량의 세 배가 들어 있다.

이토록 많은 양의 탄소가 수천 년 동안 얼어 있다가 녹기 시작하면서 미생물의 분해 작용을 통해 온실가스인 이산화탄소와 메탄을 대기 중으로 배출한다. 이 두 온실가스는 지구온난화를 부추기는데, 메탄이 같은 양의 이산화탄소에 비해 훨씬 온실효과가 강하다. 온난화의 영향으로 영구 동토층은 더 자주, 더 넓은 면적이 녹고 있으며 이는 또다시 온난화를 가속화한다. 이것이 바로 영구 동토 피드백 루프다.

영구 동토층이 얼마나 많이 녹게 될지, 그래서 얼마나 많은 온실가스가 대기 중으로 배출될지는 우리가 지금 화석연료 연소에 의한 배출 가스의 양을 감축하기 위해 어떤 방침을 취하느냐에 달려 있다. 이산화탄소 배출량을 줄이지 못한다면 영구 동토층의 해동으로 인해 발생하는 이산화탄소와 메탄의 양이 엄청날 것이다. 21세기 말까지 모두 합치면 같은 기간 미국 전체의 배출량만큼 될 것이다.

반면에 화석연료 사용으로 발생하는 이산화탄소 배출량을 크게 감축한다면 영구 동토 피드백 루프의 작용을 늦추거나 멈출 수도, 심지어는 반대 방향으로 움직이게 할 수도 있다. 그리고 반대 방향으로 움직이게 한다면 이미 녹기 시작한 영구 동토층을 다시 얼게 할 수 있으며, 지구의 기온은 원래 자연적으로 유지되었어야 할 온도로 다시 내려갈 것이다.

정책 결정자들은 영구 동토 피드백 루프의 위험성을 지나치게 무시하고 있다. 이는 그들이 지구의 탄소 예산을 책정할 때 영구 동토 피드백 루프의 영향을 감안하지 않았다는 사실에서 잘 알 수 있다. 수전 나탈리가 지적한 것처럼 정책적으로 중요한 의미를 지니는 기후 모델 가운데 영구 동토 피드백 루프의 영향을 반영한 모델은 전혀 없다.

기후 위기를 막고 지구의 균형을 회복하기 위해서는 정치와 경제 분야의 결정권자들에게 영구 동토 피드백 루프의 위험성에 대하여 경고해야 한다.

순록 루돌프의 마지막 순간

영구 동토 피드백 루프는 어떻게 러시아 순록의 생존을 위협하는가

어떤 문제에 관해 과학적으로 설명하면 늘 어렵게 느껴진다. 아무리 심각한 문제라고 해도 말이다. 문제가 자신과 개인적으로 관련이 있거나 또는 감정적으로 공감할 만한 이야기의 형태로 제시될 때에야 비로소 그 의미를 이해하게 되는 일이 종종 있다. 기후 피드백 루프의 심각성을 일깨우는 이야기는 무척 많지만, 이 책에서는 각각의 기후 피드백 루프에 연관된 이야기를 하나씩 골라 덧붙이고자 한다. 영구 동토 피드백 루프에서 고른 이야기는 러시아 순록에 관한 이야기다. 영구 동토 피드백 루프는 지금도 많은 사람과 동물들, 그리고 몇몇 동물 종 전체의 삶을 변화시키고 있다. 그중에서도 특히 영화 〈루돌프, 빨간 코 사슴Rudolph, the Red-Nosed Reindeer〉 덕분에 잘 알려진 순록이 최근 겪고 있는 일은 영구 동토 피드백 루프의 심각성을 매우 분명하게 보여준다.

환경을 연구하는 러시아 과학자들은 2020년에 매우 격

정스러운 움직임을 포착했다. 해마다 남쪽에서 겨울을 난 후 고위도 북쪽 지역으로 돌아오는 순록 떼가 과거와는 비교할 수 없는 아주 이른 시기에 이동했다. 그런데 얼음이 일찍 녹는 바람에, 예년에는 두꺼운 얼음으로 덮여 있어 쉽게 지나갈 수 있었던 강을 건너기 위해 어린 순록들과 새끼를 밴 암컷들까지도 차디찬 물살에 맞서 싸워야만 했다. 아직 그런 힘겨운 싸움을 이겨낼 힘이 부족한 수많은 어린 순록들은 물에 빠져 목숨을 잃었다.

7년 전인 2013년에도 한겨울 기온이 크게 올라 순록의 생존을 위협했다. 그 시기에 한 번도 내린 적이 없었던 비가 내려 얼어붙으면서 순록에게 먹이를 제공하는 헐벗은 목초지가 두꺼운 얼음으로 덮이고 말았다. 목초지에 쌓인 눈을 헤치고 먹이를 구하는 데 익숙했던 순록들은 두꺼운 얼음 앞에 속수무책이었다. 결국 수만 마리의 순록이 굶어 죽고 말았다.

영구 동토 피드백 루프가 순록의 생존을 위협하는 까닭은 또 있다. 영구 동토층의 해동과 더불어 러시아에서 오래전에 사멸했다고 공인된 병균과 박테리아가 다시 나타났다. 그 결과 탄저균에 감염된 순록 떼가 몰살한 일도 있었다. 이미 사라진 것으로 알려진 병균이 다시 활성화되어 해를 끼치는 일은 동물의 영역에만 국한되지 않는다. 동물을 통해 인간에게 전염되는 경우도 있다. 2016년 탄저병에 걸린 순록의 고기를 먹고 탄저균에 감염된 환자들이 다수 발생했는데, 그중 일부는 입원이 필요할 만큼 중증이었으며 소년 한 명이 사망하기도 했다.

북극해 인근에 서식하는 툰드라 순록의 개체 수는 지난 10년 사이에 거의 절반으로 줄었다. 그 지역에 거주하는 수많은 원주민들의 생계와 생태계의 균형을 위협하는 비극적인 현실이다. 순록이 없다면 순록에 의존하는 모든 종들은 물론이거니와 많은 사람의 생존이 불가능할 것이다.

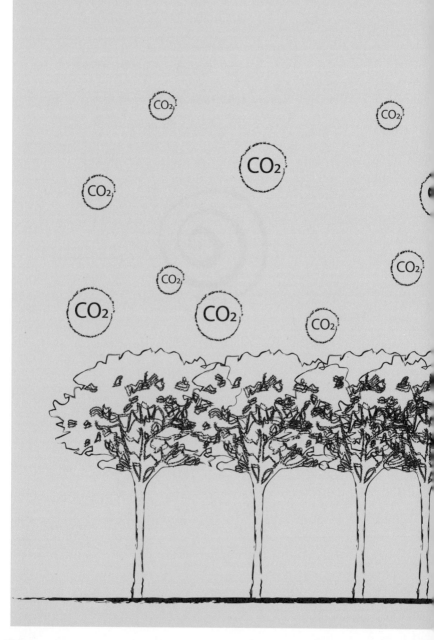

산림 피드백 루프

기후 피드백 루프의 핵심

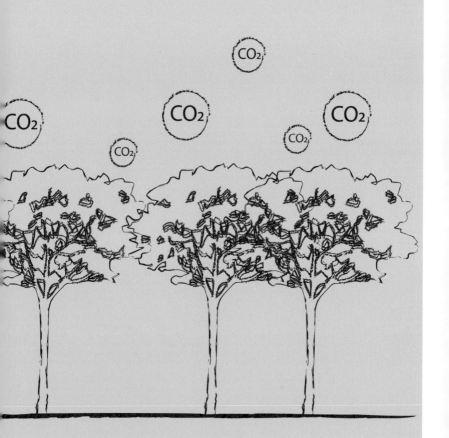

우리는 모두 숲에 있는 나무들이 광합성 과정에서 대기로 부터 막대한 양의 이산화탄소를 흡수하기 때문에 숲이 지구를 보호하는 데 매우 중요한 역할을 하고 있다는 사실을 알고 있다. 하지만 기후 모델과 기후 진단에서 지구온난화가 산림에 어떤 영향을 미치는지, 그로 인해 어떤 순환 작용이 발생하는지를 고려하는 경우는 거의 없다. 이 순환 작용을 억제할 대책을 빨리 세우지 않는다면 산림 피드백 루프는 아직 벌목과 산불 피해를 입지 않은 산림까지도 파괴할 것이다.

기후 위기로 인해 북극 지역의 기온은 다른 어떤 지역보다 빠르게 올라가고 있다. 눈과 얼음의 면적이 줄어들어 태양광 반사율이 떨어지고 대기 중의 온실가스 농도는 높아지고 있기 때문이다. 그 결과 영구 동토층이 녹으면서 온실가스가 더 많이 대기 중으로 배출되어 결과적으로 더 많은 영구 동토층을 녹게 한다. 이 불길한 피드백 루프가 본격적으로 움직이기 시작하면 인간의 추가 행동이 없어도 지구는 언젠가 혼자 힘으로 계속해서 스스로 뜨겁게 만들 것이다. 그런데 지구가 지금처럼 우리가 살 수 있는 공간으로 유지되기 위해 정치와 경제 분야를 비롯한 전 세계의 모든 지도자들과 우리 모두가 관심을 가져야만 할 피드백 루프가 몇 가지 더 있다. 그중에서도 특히 중요한 피드백 루프는 나무와 관련이 있다.

나무의 기적

모든 나무는 그 자체로 하나의 작은 기적이며 숲 전체는 그야말로 완벽한 기적이다. 이 책 앞부분에서 다룬 바 있는 생태학자이자 식물학자인 조지 우드웰은 이렇게 말한다.

"나무들이 모인 숲에서 꼭대기가 빽빽하면서도 균일한 형태를 이루어 지붕을 만들고 있는 것은 참으로 놀랍기 그지없습니다. 나무들은 마치 '넌 여기를 맡아, 난 여기를 맡을게' 하고 미리 약속이나 한 것처럼 하늘 아래 공간을 나누고 있지요. 물론 나무들이 그런 식으로 계획을 세우지는 않았겠지만 실제 나타난 결과는 그렇습니다."

나무에서 뻗어나가는 줄기와 나뭇잎은 지구의 건강을 지키는 데 중요한 역할을 한다. 광합성이라는 대단한 능력을 갖추고 있기 때문이다. 나무를 비롯한 녹색식물은 (그리고 특정 박테리아는) 빛 에너지를 이용하여 이산화탄소와 물로부터 새로운 물질인 포도당과 산소를 만들어낸다.

대기에 포함된 이산화탄소를 광합성의 재료로 사용하므로 대기 중 이산화탄소가 식물의 광합성을 통해 사라진다. 나무는 잎과 줄기, 뿌리, 그리고 주변의 땅속에 탄소를 저장한다. 그렇게 함으로써 지구의 기온이 조절되도록 돕는다. 실제로 나무를 비롯한 육지 생태계는 해마다 화석연료 사용으로 인한 이산화탄소 배출량 가운데 31퍼센트를 흡수한다. 그러나 온실가스 배출량이 증가하고 지구가 점점 더워지면 이 비율은 낮아질 수밖에 없다. 그렇게 되면 온난화를 억제하는 산림의 능력은 약화되고 말 것이다.

산림과 기후의 상호작용에 관한 한 윌리엄 무마우만큼 잘 알고 있는 과학자는 거의 없을 것이다. 지난 수십 년 동안 무마우의 연구 대부분은 숲을 대상으로 한 것이었다. 무마우는 자신의 분야에서 뛰어난 업적을 보였을 뿐 아니라, 중요한 환경 연구에 참여해 기여한 공로로 크게 인정받고 명성을 얻었다. 국제연합 환경계획과 세계기상기구에 의해 설립된 IPCC가 2007년 노벨 평화상을 받았을 때, 무마우는 IPCC 보고서의 주 작성자 가운데 한 명이었다. 여기에서는 산림 피드백 루프와 관련하여 다른 과학자들과 함께 무마우의 견해를 소개하려고 한다.

산림의 놀라운 정화 능력

무마우는 숲이 왜 대기 중 이산화탄소 농도를 낮추는 효과적인 수단이 되는지 간단한 예를 들어 설명한다. 해마다 인간의 활동으로 인해 이산화탄소가 대기 중으로 배출된다. 하지만 배출량 전체가 대기에 포함되지는 않는다. 나머지는 어디로 가는 것일까? 바다와 식물이 흡수한다. 그중에서 대부분을 떠맡는 것이 바로 산림이다. 과학자들은 이산화탄소를 흡수하는 이 기능에 대하여 '탄소 흡수원carbon sink(자연적이거나 인위적으로 대기 중의 이산화탄소를 흡수하여 제거하는 역할을 하는 곳. 해양과 산림, 초지 등이 있음)'으로 작용한다고 말하는데, 이 책에서도 그 용어를 사용할 것이다.

나무가 광합성 작용을 통해 대기 중에서 흡수한 이산화탄소를 탄소로 바꾸어 간직하는 양은 건조한 나무 무게의 절반 정도를 차지한다. 나뭇잎과 가지가 떨어져 썩으면 탄소는 땅에 저장된다. 이렇듯 나무가 자라 산림 면적이 늘어나면 산림은 인간이 배출한 이산화탄소를 흡수해 탄소의 형태로 축적하고 저장한다.

잘못된 방향

우리는 모두 지난 몇 년간 온난화가 가뭄을 불러와 전례 없는 대형 산불을 일으킨 것을 보았다.

2019년과 2020년 사이에 오스트레일리아와 미국 서부, 그리고 북극 지역에서 발생한 대규모 산불, 그리고 2020년과 2021년에 발생한 브라질의 아마존 화재로 인해 엄청난 양의 이산화탄소가 대기 중으로 배출되었을 뿐 아니라, 불에 타서 죽은 나무들은 대기 중 이산화탄소를 더 이상 흡수하지 못하게 되었다.

숲이 지닌 정화 능력의 혜택을 계속 누리기 위해서는 최대한 빨리 지구온난화를 멈춰야 한다. 그럼에도 불구하고 상황이 오히려 반대 방향으로 진행되고 있다는 사실을, 무마우는 간단한 숫자를 예로 들어 보여준다. 인간의 이산화탄소 배출량은 1750년 이후, 다시 말해 산업혁명이 시작되면서부터 계속 늘어났는데 그중 절반이 최초의 기후 회의인 '리우회의'가 개최된 1992년 이후에 늘어난 것이다.

브라질 리우데자네이루에서 유엔이 주최한 이 회의에는 178개국 대표 24,000여 명이 참석해 환경 및 개발 정책에 관해 논의했다. 회의에 참석한 각국 정상과 정부 수반들은 환경 파괴와 빈곤, 기아, 그리고 선진국과 개발도상국 간 사회적 격차의 심화 등 전 세계의 문제에 대한 공동 대응책을 모색했다.

30년 전 열린 리우회의에서 이미 참석자 전원이 환경과 기후 문제에 대응하는 우리의 방식이 잘못되었다는 사실을 인정했다. 그런데도 우리는 여전히 이전과 다름없는 잘못된 방향으로, 게다가 이전보다 더 빠른 속도로 가고 있다.

그 결과 여러 가지 부작용이 나타나고 있는데 그중에서도 산림에 미친 영향은 매우 치명적이다. 숲은 가뭄과 그로 인한 산불의 피해만 입는 데 그치지 않는다. 수많은 나무들이 병충해로 죽고, 농경지 확보나 도시 개발로 희생되고 있다. 에너지 회사는 벌목한 나무들을 펠릿pellet(식물이나 나무를 톱밥과 같은 작은 입자 형태로 분쇄·건조·압축해 총알 모양의 작은 알갱이로 성형한 제품) 형태로 가공해 연료로 판매하기도 한다. 이는 단지 대기를 정화시키는 숲의 능력이 사라지는 문제로 끝나지 않는다. 흙에 저장되었던 이산화탄소의 상당 부분이 대기 중으로 배출되며, 나무를 태울 때에도 이산화탄소가 발생한다.

더 심각한 것은 나무가 탈 때 석탄보다 더 많은 양의 이산화탄소를 발생시킨다는 점이다. 경제적인 측면에서 봐도 숲을 파괴하는 것은 거의 의미가 없다는 사실을 우리는 늘 염두에 두어야 한다. 숲을 개간하지 않고도 곡물을 재배할 수 있는, 더 싸고 효율적인 방법이 얼마든지 있다. 또한 에너지를 얻기 위해 나무를 연료로 사용하는 방법은 비경제적이다. 태양광이나 풍력을 이용하면 배출 가스를 발생시키지 않을 뿐만 아니라 훨씬 저렴한 비용으로 전력을 생산할 수 있기 때문이다.

무마우는 숲과 땅속에 저장되어 있는 탄소가 대기 중으로 배출되고 나서 제거하려고 애쓸 것이 아니라, 우리가 물려받은 탄소 유산을 그대로 보존하는 일이 무엇보다 중요하다고 강조한다. 물론 지금부터 산림을 보호하는 것만으로는 충분하지 않다. 왜냐하면 산림의 정화 능력은 이미 줄어들고 있기 때문이다.

무마우를 비롯한 몇몇 과학자들은 정기적인 관찰을 통해 산림의 정화 능력이 점차 줄어드는 추세에 있다는 사실을 확인했는데, 이는 매우 우려되는 상황이다. 그들의 보고에 따르면 원시림 상태로 보존되고 있는 아마존 열대우림에서도 축적된 탄소의 양이 10년 전에 비해 줄었다. 그리고 다른 지역의 다른 산림을 관찰한 결과도 그와 마찬가지였다.

어떻게 이런 일이 일어났을까?

여기에서도 그 책임이 기후변화에 있는 것으로 판단된다.

무마우는 이렇게 설명한다.

"숲에서 습기가 많은 땅, 그리고 목초지와 농경지로 개간된 땅의 온도가 올라가면 땅속에 사는 미생물과 식물 사이의 신진대사가 활발해집니다. 그러면 흡수하는 탄소의 양은 줄고 대기 중으로 배출되는 이산화탄소와 메탄의 양은 늘어납니다."

우리는 현재 다음과 같은 상황을 마주하고 있다. 아직까지는 육지의 생태계가 해마다 화석연료의 사용으로 인해 배출되는 가스의 30퍼센트 정도를 흡수하고 있으며, 그중에서 산림이 차지하는 비중은 무척 크다.

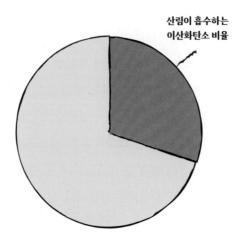

**산림이 흡수하는
이산화탄소 비율**

　그러나 배출 가스의 양이 증가하면서 산림이 흡수하는 비율이 줄어들고 있다. 그에 따라 산림이 지구온난화를 억제할 가능성도 점차 줄어들어 지구의 기온 상승은 계속될 것으로 보인다.

　하지만 상황은 얼마든지 달라질 수 있다. 과학자들은 산림이 대기로부터 흡수하는 이산화탄소의 양이 늘어나면 지구 기온이 다시 내려가게 된다는 사실을 알릴 것이며, 어떻게 산림의 정화 능력을 강화시킬 수 있는지 그 방법을 찾아낼 것이다.

　산림은 지구 기온을 높일 수도, 낮출 수도 있는 가장 중요한 네 가지 기후 피드백 루프의 핵심이다. 우리에게는 아직 어떤 길을 선택할지 결정할 기회가 있다.

휘청거리는 거목

그런데 지금 산림 피드백 루프는 잘못된 방향으로 작용하고 있다. 산업혁명 이전 대비 지구 기온의 상승 폭은 이미 섭씨 1도가 넘었다. 그 결과 나타난 가뭄으로 인해 산불이 발생할 위험성이 커졌으며, 또한 나무들이 병충해를 입을 가능성도 높아졌다. 숲은 서서히 죽어가고 있다.

이 현상은 앞으로 언젠가 일어날 일이 아니다. 바로 지금 일어나고 있는 일이다.

국제적인 명성을 얻은 사진작가 베스 문Beth Moon은 이런 현상을 누구보다도 잘 알고 있다. 2001년부터 아주 오래된, 인상적인 나무들을 찍어온 이 사진작가의 말을 들어보자.

"내가 찍은 나무들은 본래 수명이 4,000년에 이릅니다. 그래서 내 생전에 그 나무들이 죽어가는 모습을 기록으로 남기게 되리라고는 결코 생각하지 못했어요. 그런데 지금 병충해로 인해서, 그리고 고온과 가뭄 때문에 죽어가는 나무가 종종 눈에 띕니다."

죽은 나무는 산림 피드백 루프의 위험성을 높이는 요인으로 작용한다.

◎ 기온이 올라가면 날씨가 덥고 건조해진다.
◎ 나무들이 가뭄과 산불, 그리고 병충해에 희생된다.

◎ 죽은 나무는 평생 저장했던 탄소를 내뿜게 되고, 그로 인해 기온
이 더 올라간다.

◎ 나무가 줄어들면 증산작용을 통해 기온이 낮아지는 효과가 줄
어든다.

◎ 기온이 더 올라가 다시 처음부터 같은 과정이 되풀이된다.

나무가 불에 타고 썩으면 그 나무가 평생 저장한 탄소가 다
시 밖으로 나온다.

이와 관련하여 조지 우드웰은 다음과 같이 말한다.

"산림에서 이산화탄소를 흡수하는 양보다 내뿜는 양이 더
많아지게 되는 시점이 있습니다. 그 시점에 도달하면 지구의 미
래는 암울해집니다."

우리에게는 아직 선택의 기회가 있다. 나무가 애초에 주어진 직분을 다하여 지구 기온을 낮추도록 허용하거나, 아니면 아직 남아 있는 산림을 훼손하거나 둘 중 하나다. 안타깝게도 우리는 현재 후자의 길을 가고 있다. 우리가 산림을 어떻게 보호하고 관리하느냐 하는 것은 우리의 미래를 결정하는 데 큰 역할을 한다.

전 세계 산림 가운데 지구온난화에 막중한 영향을 미치는 중요한 산림은 세 가지가 있다. 열대우림과 북방 침엽수림, 그리고 온대림이다. 이 세 가지 산림에 대하여 간단하게 살펴보기로 하자.

열대우림

적도

■ 열대우림
□ 열대 습지림과 열대 몬순림

지구 기온을 낮추는 데 아마존 우림만큼 영향력이 큰 산림은 없다. 9개국에 걸쳐 있으며 면적이 550만 제곱킬로미터인 이 열대우림은 수천 년째 막대한 양의 탄소를 저장하고 있었다. 그런데 지금 흡수하는 탄소보다 더 많은 탄소를 공기 중으로 내보내기 직전이다.

우드웰 기후연구소에서 열대 연구팀을 이끌고 있는 과학자 마이클 코를 통해 이 문제에 대하여 좀 더 자세히 알아보기로 하자. 마이클 코는 20년이 넘는 기간 동안 아마존 열대우림의 벌목이 인근 지역의 기후와 환경에 미치는 영향을 조사해왔다.

마이클 코의 연구에 따르면 육지에 있는 탄소 흡수원 가운데 열대우림이 차지하는 비중은 약 15퍼센트에서 20퍼센트에 이르며, 그중 절반은 아마존 우림의 몫이다. 이는 곧 우리가 해마다 배출하는 온실가스의 상당 부분을 아마존 우림이 흡수하고 있다는 뜻이다.

아마존 우림이 탄소 흡수원으로서의 역할을 변함없이 유지할 수 있다면 천만다행일 것이다. 하지만 안타깝게도 인간은 점점 더 아마존의 본래 임무를 방해하는 방향으로 행동해왔다. 지난 50년 동안 우리는 이 열대우림의 20퍼센트에 해당하는 면적을 잃어버렸다. 경작할 땅을 확보하기 위해, 또는 도시 개발을 위해 나무를 베고 불태운 것이 주된 원인이었다. 그리고 앞에서 언급했듯이 그 과정에서 배출된 탄소가 기온을 상승시킨 결과 산불과 병충해로 인해 죽는 나무들이 급격하게 늘어난 것이 또 다른 원인이었다.

산림이 사라지면 증산작용으로 인한 효과도 사라진다. 증산작용의 효과는 별로 인정받지 못하는 경우가 많지만, 실제로는 결코 무시할 수 없다. 나무는 뿌리를 통해 땅속의 물을 빨아들여 잎에 있는 아주 작은 구멍을 통해 수증기 상태로 공중에 내보낸다. 물이 수증기로 증발하는 과정에서 식물이 기화열을 뺏기므로 주변의 기온을 낮추는 효과가 나타난다.

아마존 우림은 증산작용의 효과로 주변 지역의 기온을 최대 섭씨 5도나 낮출 수 있다. 그런데 이 열대우림이 훼손되면 증산작용 효과가 낮아진다. 그 결과 기후가 훨씬 건조해진다. 베어내는 나무가 많아질수록 기후는 점점 더 건조해질 것이다.

이것이 바로 지난 20년 동안 아마존 지역의 건기가 몇 주나 길어진 이유 중 하나다. 길어진 건기는 앞에서도 언급했듯이 남아 있는 나무들에게 더 큰 부담이 되며, 산불 발생 및 확산의 위험성을 높인다.

북아메리카로부터 아프리카에 이르기까지 산림과 사바나를 광범위하게 연구하는 마이클 코는 이렇게 말한다.

"극심한 가뭄 현상이 나타나는 시기에는 대규모 산불이 발생합니다. 그렇게 되면 산림은 탄소 흡수원이 아니라 탄소 배출원으로 바뀌기 시작합니다. 10년 사이에 다섯 차례 이상 가뭄과 산불을 겪은 산림은 완전히 탄소 배출원이 되고 맙니다."

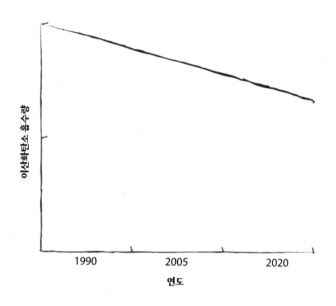

연도

앞에서 밝힌 이유 때문에 현재 열대우림이 흡수하는 탄소의 양은 1990년대에 비하여 3분의 1이 줄어든 상태다.

과학자들은 아마존 우림의 훼손으로 인해 가까운 장래에 탄소를 저장하는 양보다 배출하는 양이 더 많아질 수 있다고 예상한다. 22세기 시작과 더불어 그렇게 될 가능성이 높다고 경고한다.

그렇게 되면 어떤 일이 일어날까?

마이클 코의 말을 들어보자.

"이렇게 생각해보세요. 기후가 날마다 조금씩 변화되면 모든 것이 전혀 문제가 없는 것처럼 보입니다. 그러다가 어느 날

갑자기 걷잡을 수 없는 순간이 닥치게 됩니다. 조금씩 일어난 변화가 쌓이고 쌓여 기후 시스템 전체를 붕괴시키는 순간이지요. 우리 모두 그야말로 '냄비 안의 개구리'가 되는 셈입니다. 너무 늦을 때까지 물이 뜨거워지는 것을 느끼지 못하는 것이지요."

북방 침엽수림

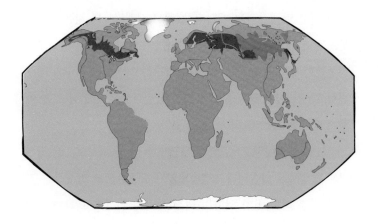

열대우림 다음으로 중요한 거대 산림은 북방 침엽수림이다. 이 산림 또한 더 이상 탄소 흡수원 역할을 하지 못하고 탄소 배출원이 될 위기에 놓여 있다. 북방 침엽수림은 북극 지역을 덮고 있으며 시베리아를 거쳐 북아메리카까지 펼쳐져 있는, 세계에서 가장 면적이 넓은 산림이다. 이곳에 저장된 탄소는 전세계 산림의 탄소 저장량 가운데 3분의 2에 달하는 것으로 추정되고 있다. 그리고 영구 동토 피드백 루프에서 이미 언급했듯이 대부분 얼어 있는 식물과 동물의 사체에 포함된 상태로 깊은 땅속에 저장되어 있다.

그러나 북방 침엽수림 역시 이미 훼손된 상황이다. 열대우림과 마찬가지로 기온이 올라가고 기후가 건조해지면서 이 산림의 나무들도 산불과 병충해에 더 취약해졌다.

우드웰 기후연구소의 과학자 브렌던 로저스Brendan Rogers는 10년 이상 알래스카와 캐나다, 그리고 시베리아의 넓은 지역에 분포된 침엽수림을 조사했다. 이 침엽수림의 시스템이 지구의 기후변화에 어떤 영향을 미치는지, 그리고 거꾸로 지구의 기후변화로부터 어떤 영향을 받는지를 중점적으로 연구한 그는 이렇게 경고한다.

"북방 지역에서도 산불은 예전보다 더 큰 규모로, 더 빈번하게 발생하고 있습니다. 또한 산불이 집중적으로 발생하는 기간이 점점 더 길어져 해마다 새로운 기록을 세우고 있는 실정입니다."

북방 침엽수림에서 발생하는 산불은 특히 치명적이다. 왜냐하면 화재로 인해 지표면을 덮고 있던 나뭇잎 등 식물이 불타면 불길이 계속 아래로 파고들어 땅속 깊이 묻혀 있던 유기물을 태우기 때문이다.

그렇게 되면 두 가지 현상이 나타난다. 첫 번째로 이 침엽수림에 저장된 탄소의 70퍼센트에서 90퍼센트에 이르는 양이 땅속에 묻혀 있는데 산불로 말미암아 그 탄소가 대기 중으로 배출된다. 그 결과 또 다른 위험한 기후 피드백 루프가 작용하기 시작한다. 산불이 더 자주 날수록 더 깊은 곳에 묻혀 있던 탄소가 공중으로 나와 더 많은 이산화탄소와 메탄을 배출한다……

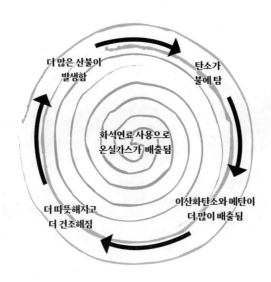

두 번째로 산불이 더 자주, 그리고 더 짧은 간격을 두고 발생하면서 새로운 나무가 자라지 못하고 기타 식생도 확산되지 않는 결과가 나타난다.

북방 침엽수림도 아마존 우림과 마찬가지로 대응책을 마

련하지 않는다면 더 이상 탄소 흡수원의 역할을 하지 못하고 탄소 배출원이 되고 말 것이다. 현재의 속도로 미루어 볼 때 21세기 말에는 그렇게 될 가능성이 농후하다. 그렇게 되면 산림은 티핑포인트를 넘어가 다시는 회복되지 못하는 상태가 될 것이다.

온대림

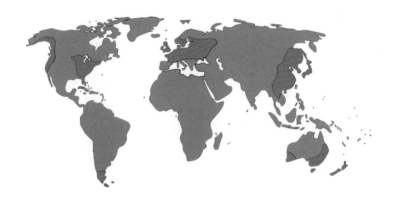

온대림은 전 세계 산림 면적의 4분의 1에 불과하지만, 열대우림과 북방 침엽수림이 지구온난화를 억제하기보다는 오히려 심화시키고 있는 현재, 가장 크게 희망을 걸고 있는 곳이다. 온대림을 둘러싼 지역 주민들의 의식 변화가 뚜렷하게 감지되고

있기 때문이다. 과거에 농사를 짓기 위해 개간되었던, 미국과 유럽의 많은 온대림이 지난 수십 년 동안 원상태로 회복되었다.

그러나 이곳에서도 모든 상황이 낙관적이지는 않다. 예를 들어 미국 남동부 지역의 경우, 펠릿을 생산하는 회사가 선진 국에 석탄을 대체할 재생 가능한 연료를 공급한다는 미명하에 오래된 산림과 2차림(기존의 숲이 산불, 홍수, 토양의 유실, 벌채 등의 이유로 대부분 훼손된 뒤 토양에 남아 있는 종자, 뿌리, 포자 따위에서 새롭게 생겨나는 숲)에서 벌목을 계속하고 있다. 그런데 앞에서 언급했듯이 나무를 가공한 펠릿을 태울 때 배출되는 이산화탄소의 양이 석탄을 태울 때 배출되는 양보다 많다. 게다가 큰 나무를 베어낼 때, 수십 년 동안 저장된 탄소 또한 대기 중으로 뿜어져 나오게 된다.

현재 전 세계에서 해마다 배출되는 이산화탄소의 17퍼센트는 소위 바이오 에너지를 얻겠다는 명목으로 나무를 가공한 펠릿을 태움으로써 발생한 것이다.

물론 벌목으로 나무가 사라진 숲에 나무를 다시 심기는 하지만 새로 조성된 산림은 오래된 산림에 비해 지구온난화를 억제하는 효과가 훨씬 작다.

오리건주립대학교 임학과의 명예교수 비벌리 로Beverly Law는 이 문제에 관한 전문가로, 지난 25년 동안 산림과 대기 사이에서 일어나는 이산화탄소와 물의 교환 작용을 기록해왔다.

500개 이상의 연구 기관이 참여한 국제적인 조직의 일원으로 활동 중인 비벌리 로는 이렇게 강조한다.

"오래된 산림일수록 저장된 탄소가 많습니다. 어린 나무들이 있는 산림의 생태계에는 나무 개체 수가 그다지 많지 않아 대기로부터 이산화탄소를 흡수하는 효과가 작습니다."

특히 미국 북서부의 태평양 연안에 있는 오래된 산림은 엄청난 양의 탄소를 저장하고 있다. 이 지역은 습기가 많고 기온이 서늘해서 다른 어느 지역보다 나무의 번식과 성장이 왕성하다. 그래서 앞으로 30년 동안 미국 서부에 있는 산림에 비해 기후변화의 영향을 훨씬 덜 받을 것이다.

비벌리 로의 말을 다시 들어보자.

"기후변화에 맞서기 위한 최선의 대응책은, 이미 많은 탄소를 저장하고 있으며 기후변화로 인한 위협을 별로 받지 않고 있는 산림을 최대한 보존하고 보호하는 일입니다."

불행히도 탄소가 풍부한 오래된 나무들이야말로 벌목꾼들이 가장 좋아하는 나무다. 한때 태평양 연안에 무성했던 레드우드 Redwoods(오리건 남서부에서 캘리포니아 중부에 이르는 해변에 자라는 삼나무로, 나무껍질이 붉은빛 도는 갈색. 목재는 가구, 울타리 기둥, 목공품, 일반 건축재 등에 널리 쓰임)는 이미 대다수가 사라졌다.

나무 한 그루를 벨 때마다 남아 있는 나뭇잎과 뿌리가 썩거나, 쓸모없는 나뭇가지를 불태우는 과정에서 나무 안에 저장된 탄소의 절반에서 3분의 2에 이르는 양이 대기 중으로 배출된다. 또한 나무가 주변의 땅속에 저장했던 탄소도 밖으로 빠져나온다.

이런 현상에 대하여 비벌리 로는 다음과 같이 말한다.

"지난 100년 동안 오리건의 벌목꾼들이 상업적인 목적을 위해 나무를 베는 바람에 그 나무에 저장되었던 탄소의 65퍼센트가 대기 중으로 배출되었습니다. 이제 더 이상 그런 일은 결코 일어나서는 안 됩니다."

온대림의 기후변화는 동물들에게도 큰 위협이 되고 있다. 높아진 기온에서 생존하기 어려워지자 많은 야생동물이 서늘한 지역을 찾아 북쪽으로 이동하고 있다. 하지만 이동할 능력이 없는 동물 종이 있고, 능력은 있으나 시간이 부족해 성공하지 못하는 동물 종이 있는데, 그런 동물 종들은 벌써 희귀종이 되었다.

지구 기온을 낮추는 기후 피드백 루프

기후 위기에 대처할 방안이 필요한 이 시점에 온대림을 어떻게 관리하느냐는 무척 중요하다. 앞으로도 계속 상업적인 목적을 위해 이용할 것인가, 아니면 지구 기온을 낮추기 위해 보존하고 보호할 것인가?

앞에서도 지적한 바 있듯이 바로 여기에 우리가 직면한 문제를 해결할 희망이 보인다. 인간의 활동으로 인해 기후 피드백 루프가 지구 기온을 상승시키는 과정을 반복하고 있는 것은 사실이다. 하지만 인간의 능력과 노력으로 이 과정이 더 이상 진행되지 않게 막을 수 있다. 심지어는 인간의 힘으로 현재 작용하고 있는 피드백 루프의 방향을 정반대로 돌릴 수도 있다. 피드백 루프가 지구 기온을 높이는 것이 아니라 오히려 낮추는 효과를 발휘하도록 할 수 있는 것이다.

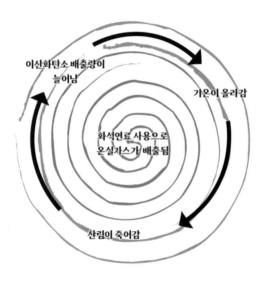

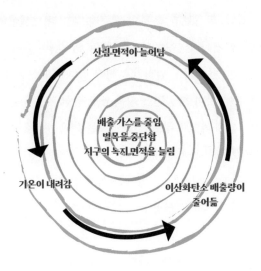

산림 면적이 늘어남

배출가스를 줄임
벌목을 중단함
지구의 녹지 면적을 늘림

기온이 내려감

이산화탄소 배출량이
줄어듦

물론 피드백 루프가 지구 기온을 낮추는 방향으로 순환하기 위해서는 다음의 조건들이 충족되어야 한다.

◎ 산림이 계속 성장할 수 있도록 보호한다.
◎ 늪지와 초지를 비롯한 모든 자연 공간을 보존한다.
◎ 농작물 생산에서 탄소를 배출하는 대신 저장하는 공법을 도입한다.
◎ 나무를 비롯한 모든 식물이 탄소 흡수원이 되도록 만든다.

이렇게 해야만 스스로의 힘으로 지구 기온을 낮추는 작용을 계속하고, 그 기능을 유지하는 기후 피드백 루프를 활성화시킬 수 있다. 환경보호 운동의 선구자 조지 우드웰이 주장한 것도 바로 이것이다. 그는 기후 문제의 해결책이 지구 기온을 낮출 수 있는, 자연의 근원적인 능력에 있다고 확신한다.

50년 전에 이미 화석연료 사용으로 인한 지구온난화를 지적했으며, 기후 피드백 루프가 온난화를 더욱 부추긴다고 경고했던 우드웰은 이렇게 말한다.

"기후 위기를 해결할 수 있다는 희망을 계속 갖기 위해서는 최대한 빨리 화석연료 사용을 중단하고 녹색 지구를 만들어야 합니다. 그러려면 지구가 현재 망가지고 있다는 사실에 대한 상상력과 관심, 그리고 깨달음이 필요하지요."

마지막으로 산림 보호 문제와 관련하여 한 가지 덧붙일 사실이 있다. 유엔 산하의 '생물다양성 과학기구'와 IPCC는 2021년 합동으로 작성한 보고서를 통해 생물 종 다양성 파괴와 기후변화가 공동으로 대응해야 할 문제임을 밝히고 있다. 산림은 단지 나무들이 많이 모여 있는 장소에 그치는 것이 아니다. 산림은 풍부한 생물 다양성을 보유하고 있는 생태계로, 가장 짧은 기간 안에 가장 많은 탄소를 저장한다.

마다가스카르의 여우원숭이

인도양 남서쪽, 아프리카 대륙의 국가 모잠비크의 해안 건너편에는 마다가스카르라는 이름의 아름다운 섬나라가 있다. 풍부한 생물 종과 열대우림으로 유명한 이 섬나라는 그곳에 사는 생물들에게 사시사철 녹색인 우림을 비롯해 맹그로브(아열대나 열대의 해안이나 하구 따위의 습한 땅에서 자라는 나무)와 반사막(사막보다 덜 건조한 지역. 짧은 풀들이 자라는, 스텝과 사막의 경계) 등 다양한 생활환경을 제공한다. 마다가스카르가 육지에서 떨어져 나온 지 9,000만 년이 넘었기 때문에 그곳에 있는 포유류의 80퍼센트와 조류의 64퍼센트가 마다가스카르 고유종, 다시 말해서 오직 그 섬에만 사는 종이다.

그런데 이 지상낙원이 심각한 위기에 놓여 있다. 무엇보다 초목이 무성했던 우림이 조만간 더 이상 존재하지 않게 될 상황이다. 그렇게 되면 많은 동식물 종뿐 아니라 다른 생태계도 사라지게 될 것이다. 1950년부터 2000년 사이에 마다가스카르의 우림은 40퍼센트 이상이 벌목에 희생되었다. 그곳에 있는 우림은 지구상에서 가장 빠른 속도로 면적이 줄었으며, 기후 피드백 루프 현상이 나타나기 시작했다.

강력한 경고에도 불구하고 벌목은 2000년 이후에도

중단되지 않고 있다. 현재는 우림 가운데 15퍼센트만 남아 있는 것으로 평가된다. 많은 과학자는, 현재까지의 추세로 보아 2025년이 되기 전에 마다가스카르의 우림이 자연보호 지구로 지정된 지역을 제외하고는 거의 사라질 것이라고 예상한다.

과학자들은 우림의 소실이 동물 종에 어떤 영향을 미치는지 밝히기 위해 마다가스카르 고유종인 여우원숭이를 연구했다. 원숭이를 닮은 이 동물은 관광객들이 특히 좋아한다. 한 연구 결과에 의하면 벌목으로 인해 2070년까지 여우원숭이가 서식할 수 있는 장소 중 60퍼센트가 사라질 것이며, 또한 기후변화의 결과로 여우원숭이가 서식하는 생태계의 4분의 3이 없어질 것이라고 한다.

이 두 가지에 더하여 기후 피드백 루프의 작용까지 감안하면 여우원숭이의 서식지는 조만간 완전히 파괴될 것으로 예상된다. 그뿐 아니다. 여우원숭이의 기본적인 영양 공급원이 사라지고 있다. 여우원숭이는 주로 죽순을 먹고 사는데 건기가 점점 더 자주 나타나면서 죽순의 공급량이 줄어들었다.

여우원숭이의 존재는 생태계가 온전하다는 사실을 증명하는 중요한 지표다. 여우원숭이가 사라지고 있다는 것은

그레타 툰베리와 달라이 라마의 대화

그 자체로도 안타깝지만, 우림의 생태계에 미치는 영향을 고려하면 매우 심각한 일이다. 여우원숭이는 식물의 씨앗을 널리 퍼뜨림으로써 우림이 유지되는 데 큰 역할을 하기 때문에 우림 생태계의 중요한 부분을 차지한다.

그런데 지구의 생태계를 더 다양하고 아름답게 만드는 여우원숭이가 멸종 위기를 겪고 있다. 이 작은 영장류는 높은 나무 위에서 산다. 나무가 없으면 여우원숭이도 더 이상 존재할 수 없다. 이 상황을 개선할 방법을 강구하지 않는다면, 여우원숭이는 결국 산림의 죽음과 더불어 멸종하고 말 것이다.

기후 위기와 관련해 수많은 의문이 있지만,
그중에서도 가장 먼저 드는 의문은 이렇습니다.
왜 기후 피드백 루프의 치명적인 영향이
지구 전체의 탄소 예산에 반영되지 않았을까요?
기후 피드백 루프가 기후변화 문제를 해결할 수 있는데도
왜 그에 대하여 언급하는 사람이 없을까요?
왜 그런 걸까요?

영구 동토 피드백 루프의 경우, 실제로 탄소 예산 측정에 사용되는 최신 모델에 전혀 반영되지 않았다. 영구 동토 연구 전문가인 수전 나탈리는 그렇게 된 가장 큰 이유가 아마도 그 모델들이 북극 지역에 국한된 것이 아니라 지구 전체를 대상으로 개발되었기 때문일 것이라고 평가한다.

"물론 과학자들도 최근에는 기후 피드백 루프의 영향을 의식하고 있으며, 그것을 탄소 예산에 반영하려고 합니다. 문제는 과학이 우리가 필요로 하는 만큼의 속도를 내지 못하고 있다는 점이지요. 특히 정책이나 정부 방침과 연관되면 더욱 그렇습니다. 아주 심각한 위기 상황이라 해도 마찬가지입니다."

나탈리는 탄소 예산 측정에 사용되는 현재의 모델들이 아직 불완전하기는 하지만 과학자들이 적어도 기후 피드백 루프의 영향이 상당히 크다는 사실은 깨닫고 있다고 강조한다.

"과학자들은 아직 정확한 수치는 알지 못하거나 부분적으로만 알고 있습니다. 하지만 이미 주어져 있는 숫자들만 보아도 당장 대응책을 마련해야 할 정도로 피드백 루프의 위험성이 크다는 것을 충분히 알 수 있습니다."

윌리엄 무마우 역시 현재의 모델이 피드백 루프의 영향이 반영되지 않았음에도 불구하고 이미 상황의 심각성을 분명하게 보여준다고 판단한다.

"이 모델들을 사용하는 과학자들이 실제 상황은 훨씬 위험하다는 말을 덧붙이고 있습니다. 그리고 그 이유로 기후 피드백 루프를 들고 있지요."

과학은 앞으로도 계속 발전할 것이고, 기후 피드백 루프가 작용하는 과정에 대하여 더 많은 지식을 확보하게 될 것이다. 물론 북극 지역처럼 추위가 극심한 곳에서 현장 조사를 통해 필요한 자료를 수집하는 일은 결코 쉽지 않다. 하지만 과학자들이 더 많은 자료를 수집하여 더 정확하고 구체적인 사실을 제시함으로써, 전 세계 지도자를 비롯한 모든 사람에게 기후 위기의 실상을 제대로 알릴 수 있게 될 것이다.

현재 세계 여러 나라가 탄소 배출에 관련된 정책을 발표하고 있습니다.
예를 들어 2050년까지 탄소 배출 제로 달성을 목표로 한다거나 2030년까지
탄소 배출량을 일정 수준으로 감축한다는 등 다양한 정책입니다.
하지만 이 정책들은 기후 피드백 루프의 영향을 제대로 반영하지 않은
불완전한 탄소 예산을 바탕으로 수립되었습니다. 따라서 이 정책이
실행된다고 해도 지구 기온 상승 폭을 산업혁명 이전 대비 섭씨 1.5도 아래로
유지할 수 있는 가능성은 지극히 낮습니다. 기후 피드백 루프의 영향에 대한
이해와 정보가 부족해서 우리가 치러야 할 대가는 얼마나 클까요?
이 상황을 타개하기 위해 우리는 무엇을 해야 할까요?

나탈리의 말을 다시 들어보자.

"현재 지구 기온이 산업혁명 이전에 비해 섭씨 1도나 올랐기 때문에, 우리는 기후변화가 위험하다는 사실을 깨닫고 있어요. 하지만 기후 피드백 루프 현상을 제대로 이해하지 못하는 데에서 오는 위험성도 틀림없이 있습니다. 기후 피드백 루프의 영향을 고려하지 않으면, 온난화에 대한 충분한 대응책을 세울 수 없으니까요."

그렇다면 우리는 어떤 일을 할 수 있을까?

나탈리는 이렇게 말한다.

"우리가 지금 여기에서 하고 있는 것과 같은 일을 할 수 있습니다. 기후 피드백 루프에 대하여 공부할 수 있는 모임을 갖고, 다른 사람들과 그 문제에 대하여 얘기해야 합니다. 우리가 지금 간과하고 있는 현상이 무엇인지에 대하여, 우리에게 필요한 것이 무엇인지에 대하여 얘기해야 합니다. 그리고 그것이 어떤 결과를 가져올지에 대하여 얘기해야 합니다."

우리는 더 열심히, 더 확실한 목표를 가지고 행동해야 한다. 큰 소리로 의견을 내야 한다. 그리고 그 의견이 받아들여지도록 만들어야 한다. 그것이 우리가 할 수 있는 가장 중요한 일일 것이다.

대기 피드백 루프

대기에서 발생하는 위험한 순환

온실가스에 대하여 언급할 때, 특히 위험한데도 불구하고 목록에서 종종 빠지는 것이 하나 있다. 아무런 해가 없는 것처럼 보이는 수증기가 바로 그것이다. 수증기는 대부분 바다와 호수에서 증발한 물이 대기 중에 모인 것으로, 지구온난화에 막대한 영향을 미친다. 대기에서 발생하는 위험한 기후 피드백 루프의 핵심이기 때문이다. 제트기가 날아다니는 높은 하늘에 흐르는 바람, 제트기류 또한 대기 피드백 루프 작용을 일으킨다.

구름은 수증기로 이루어져 있다. 수증기는 바다, 호수, 강, 지표면에서 증발한 물이 대기로 올라가면서 자연적으로 발생한다. 수증기 역시 온실가스이며, 온실가스로 인한 지구온난화가운데 60퍼센트 정도는 수증기의 영향이다. 따라서 수증기도 위험한 기후 피드백 루프의 한 부분이다.

　수증기가 기후 피드백 루프 작용을 하게 되는 과정은 물리적으로 쉽게 이해할 수 있다.

◎ 화석연료 사용으로 지구 기온이 높아지면 물이 더 많이 증발한다.

◎ 그 결과 더 많은 수증기가 대기로 올라간다.

◎ 증가된 수증기는 열기를 더 많이 가두게 되고, 그에 따라 지구 기온은 더 올라가며, 온난화가 점점 심화되는 과정이 계속 반복된다.

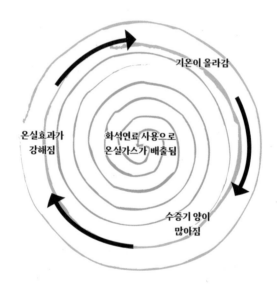

그레타 툰베리와 달라이 라마의 대화

수증기 피드백 루프가 지구온난화에 미치는 영향이 인간 활동보다 두세 배나 크다는 사실은 종종 간과되고 있다.

우드웰 기후연구소의 선임 과학자 제니퍼 프랜시스^{Jennifer} Francis는 지난 30년 동안 온실가스의 증가가 대기에 미치는 영향을 집중적으로 연구해왔다.

수증기 피드백 루프에 대한 프랜시스의 설명을 들어보자.

"수증기는 그저 기체 상태의 물일 뿐입니다. 주전자에 물을 담아 끓이면 처음에는 아직 액체 상태인 뿌연 김이 나오다가 점차 희미해지면서 위로 사라집니다. 이 수증기가 대기까지 올라가면 완전히 안 보이게 되지요."

그와 비슷한 일이 기후 시스템 안에서도 일어난다.

"기온이 올라가면 바닷물 온도도 덩달아 높아지게 됩니다. 그렇게 되면 더 많은 양의 물이 증발해서 주전자에 담아 끓인 물처럼 수증기 상태로 대기 안에 들어가게 되지요. 그중 일부는 대기에 머물면서 열기를 가두고 나머지는 대기 중에서 온도가 떨어져 응결되어 구름을 형성합니다."

구름의 신비로운 작용

구름 역시 지구의 날씨에 영향을 미친다. 기후 연구 분야의 선구자인 워런 워싱턴은 구름이 정확하게 어떤 영향을 미치는

지 연구한다. 과학 발전에 크게 기여한 공로로 미국 대통령으로부터 '미국 국가과학상National Medal of Science'을 받은 워싱턴은 면밀한 관찰 결과 구름이 매우 복잡한 주제라는 결론에 도달했다고 한다.

"유감스럽게도 구름이 피드백 루프와 어떤 관련이 있는지 정확하게 이해하는 데 필요한 방법을 아직 찾지 못했습니다."

구름은 지구 기온을 낮추는 효과를 낼 수 있다. 구름의 흰색이 태양광을 우주로 반사시켜 지구 표면에 닿지 못하게 만들기 때문이다. 그래서 해가 내리쬐는 더운 날, 구름은 태양광의 강렬함을 줄여 더위를 식히는 효과를 낸다. 하지만 구름은 반대 작용을 할 수도 있다. 열기를 간직해 지구 기온을 상승시키는 것이다. 밤에 구름 낀 하늘 아래의 기온이 구름 없는 하늘 아래보다 뚜렷하게 높은 까닭은 그 때문이다.

워싱턴이 지적하듯이 구름에 관한 연구의 복잡성 때문에 구름이 지구온난화에 어떤 영향을 얼마나 미치는지 아직 정확하게 파악할 수는 없다. 그러나 과학자들 사이에서 확실하게 인정되고 있는 한 가지 사실은 구름이 지구 기온을 낮추는 것이 아니라 높이고 있다는 점이다. 구름은 태양광을 반사하는 효과보다는 열기를 간직하는 효과가 더 크기 때문에 결국 지구온난화를 부추기는 요인으로 작용한다는 것이다.

지구 표면의 기온이 올라가면 바닷물 온도도 더 많이 올라가 더 많은 양의 물이 증발한다. 그 결과 더 많은 수증기가 대기로 올라가 더 많은 열기를 가둔다. 이는 다시 더 많은 증발과 더 많은 수증기로 이어진다. 이것이 바로 수증기 피드백 루프다.

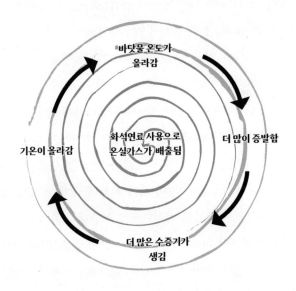

태풍의 새로운 힘

따뜻해진 바다와 늘어난 수증기의 조합은 강력한 열대성 저기압을 발생시킨다. 발생 지역에 따라 허리케인, 사이클론 또는 태풍이라는 서로 다른 이름으로 불리는 이 강력한 열대성 저기압은 지구온난화와 밀접한 관계가 있다. 기후 모델은 앞으로 태풍이 더욱 자주 출현할 것이라고 예측한다. 태풍은 수증기 피드백 루프의 일부는 아니지만 근본적으로 그 영향을 받는다.

케리 이매뉴얼은 태풍에 관한 권위자다.

"우리는 30여 년 전에 벌써 지구온난화가 이제까지보다 훨씬 강력한 허리케인을 발생시킬 것이라고 예상했습니다. 그리고 그 예상이 들어맞기 시작했다는 것을 지금 확인하고 있지요. 이미 허리케인에 적응한 플로리다와 바하마 같은 지역에서도 최근의 강력한 허리케인에는 제대로 대응하기 힘들어합니다. 2019년 8월 발생하여 카리브해의 몇몇 섬 위를 지나가던 허리케인 도리안은 9월 1일이 되자 최고 등급인 5등급의 초강력 허리케인으로 발달해 바하마를 덮쳤습니다. 수많은 사상자가 나오고 엄청난 피해를 입혔지요. 도리안처럼 강력한 허리케인은 기존의 방식을 완전히 벗어난 것입니다. 과거의 경험은 더 이상 아무 소용이 없습니다."

제트기류 피드백 루프

이제까지 언급한 피드백 루프 외에 대기의 극단적인 기상 조건을 형성하는 현상이 있다. 다름 아닌 제트기류다. 제트기류는 제트기가 날아다니는 높은 하늘에 있는 공기의 흐름이다.

제트기류는 북반구 하늘 위를 도는 공기의 흐름으로, 북반구에서 경험하는 거의 모든 기상 현상을 일으키는 장본인이다.

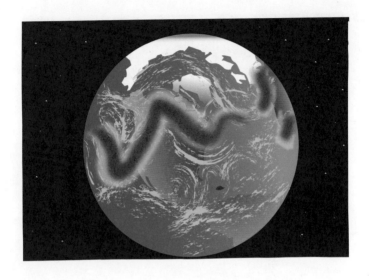

따뜻한 남쪽에서 차가운 북쪽까지 이어지는 공기층을 머릿속에 그려보자. 따뜻한 공기는 차가운 공기보다 더 많이 팽창한다. 따라서 남쪽의 공기층은 북쪽의 공기층보다 더 높이 올라간다.

만일 남쪽의 공기층 맨 위에서 북쪽을 바라본다면 공기가 마치 아래로 흐르는 것처럼 느껴질 것이다. 위에 있는 따뜻한 공기가 중력의 작용을 받아 아래로 내려가기 때문이다. 계곡의 물이 아래로 흐르는 것과 마찬가지다. 이렇게 공기층 시스템에 움직임이 생긴다. 그리고 아래로 이동하는 움직임은 바람을 만든다. 남쪽에서 북쪽으로 부는 바람이다.

지구가 자전하기 때문에 이 바람은 동쪽으로 휘어져 서쪽에서 동쪽으로 부는 바람이 생기게 된다. 이것이 바로 제트기류다.

북쪽과 남쪽 기단의 기온차가 클수록 제트기류는 더 빠르게 흐른다. 과거에는 북극 지역의 공기가 남쪽 공기에 비해 훨씬 차가웠고, 그 덕분에 제트기류는 대부분 안정적인 흐름을 유지했다. 평상시와 다른 흐름을 보이는 경우가 있다 해도 그다지 크게 벗어나지는 않았다.

하지만 그동안 북극 지역의 온난화가 다른 지역보다 두세 배 빨리 진행되는 바람에 북쪽과 남쪽의 기온차가 갑작스럽게 줄어들었다. 그 결과 제트기류가 약해지면서 이제까지와는 아주 다른 움직임을 보이게 되었다. 서쪽에서 동쪽으로 불던 바람이 남쪽에서 북쪽으로 부는 바람이 되어 남쪽의 따뜻한 공기를 북쪽으로 보내게 된 것이다.

제트기류 피드백 루프는 다음과 같이 작용한다.

◎ 북극 지역의 기온이 지구상의 다른 지역보다 두세 배 빠르게 오른다.

◎ 북쪽과 남쪽의 기온차가 줄어들면서 제트기류를 약화시킨다.

◎ 약해진 제트기류는 남북 방향으로 변화되어 남쪽의 열기가 더 많이 북쪽으로, 다시 말해 북극 지역으로 유입된다.

◎ 북극 지역의 기온은 또다시 상승해 제트기류를 더욱 약화시킨다.

◎ 북극 지역은 점점 더 따뜻해지고 제트기류는 점점 더 약해지는 치명적인 순환이 되풀이된다.

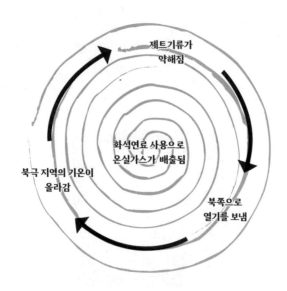

이와 관련해서 제니퍼 프랜시스는 이렇게 설명한다.

"최근 특정한 날씨가 더욱 자주 나타난다는 인상을 받으면서 이 피드백 루프의 존재를 확실하게 인정하게 되었습니다. 일부 지역에서는 더위가 아주 오래 이어집니다. 어떤 곳에서는 추위가 아주 길어지기도 하고요. 가뭄이 장기간 계속되는 지역이 있는가 하면, 장마가 오래가는 지역도 있지요. 제트기류 피드백 루프의 영향으로 장마 지역에서는 장마가 더 심해지고, 가뭄 지역에서는 가뭄이 더 심해지는 현상이 일반적인 추세가 될 것입니다."

예를 들어 미국 서부에서 여러 해에 걸쳐 가뭄이 계속되고 그로 인해 산불이 더 자주 발생하고 있다는 사실은 그런 추세를 잘 보여준다.

우리는 이미 극단적인 이상기후가 예외적인 현상이 아니라 평범한 일상이 되어버린 세상에 살고 있다. 그렇게 된 근본적인 원인은 제트기류 피드백 루프에 있다.

이제부터 모든 것을 바로잡는다고 해도, 온실가스 배출량을 급격하게 감축하고, 산림 벌채를 중단하며, 지구에 녹지를 늘린다고 해도, 이런 이상기후 현상은 당분간 지속될 것이다. 하지만 언젠가는 제트기류 피드백 루프의 작용이 둔화될 것이고, 심지어는 반대 방향으로 움직이게 될 수도 있다. 그래서 북극 지역이 다시 서늘해지면 제트기류는 다시 강해져 본래의 정상적인 흐름으로 돌아갈 것이다. 서쪽에서 동쪽으로 움직이는 흐름을 회복해 남쪽의 따뜻한 공기가 북극 지역으로 유입

되지 않도록 차단할 것이다.

프랜시스는 그렇게 만들기 위해서는 한 사람도 빠짐없이 모두 협조해야 할 것이라고 강조한다.

"우리가 할 수 있는 가장 중요한 일은 투표하는 일입니다. 기후 문제의 심각성을 인지하고, 이 문제가 인간 활동의 탓이라는 점을 인정하며, 지구온난화가 반대 방향으로 움직이게 하기 위해서는 많은 획기적인 변화가 필요하다는 사실을 알고 있는 지도자를 선출해야 합니다."

우리 모두 전 세계의 정치 지도자들이 올바른 행동을 하게 만들어야 할 것이다. 그들이 온실가스 배출량을 줄이는 정책을 실행함으로써 온난화를 억제하여 지구를 복원시키도록 만들어야 할 것이다.

때 이른 벚꽃이 보내는 기후 경고

분홍색과 흰색의 찬란한 꽃 사진이 해마다 전 세계에 퍼진다. 일본 문화의 상징으로 여겨지는 벚꽃이다. 이 꽃은 해마다 일본 달력에서 최고의 화사함을 뽐내며 봄의 시작을 알린다. 벚꽃은 아름다움과 새 출발을 의미하며, 다른 한편으로는 덧없음을 나타내기도 한다.

그런데 2021년 3월부터 벚꽃의 의미가 달라졌다. 일본인들이 벚꽃 축제의 전통을 1,200년 동안이나 이어오는 동안 한 번도 생각하지 못했던 새로운 측면이 부각된 것이다. 이 새로운 의미는 덧없음과 어느 정도 상관이 있기는 하지만 전혀 철학적이지 않다. 바로 기후변화와 관련된 것이기 때문이다.

2021년 왕벚나무를 비롯한 일본 재래종 벚나무가, 기록을 시작한 이래 가장 이른 시기에 개화했다. 때 이른 개화는 온 세상 사람들이 만물의 소생을 알리는 찬란한 메시지를 보면서 맛보는 행복감에서 깨어나게 만들었다. 일본에서는 2009년부터 벚꽃 개화일을 기록해왔는데 3월 26일이라는 이른 날짜에 교토에 벚꽃이 핀 적은 한 번도 없었다. 지난 30년 동안의 평균 개화일을 열흘이나 앞당긴 날짜였다.

일본의 어느 누구도 2021년의 이른 개화가 일회적인 사건이며 2022년부터는 원래대로 돌아갈 것이라고 생각하지 않는다. 일본 기상청에서도 때 이른 개화가 지난 70년 동안 교토에서 명백하게 입증된 지구온난화 탓이라는 결론을 내리고 있다. 정원, 불교 사원, 황궁, 신사, 전통 목조 가옥으로 유명한 일본의 옛 수도 교토의 평균기온은 1953년 3월에 섭씨 8.6도였는데, 2020년에는 10.6도, 2021년에는 12.4도까지 올라간 것이다.

태평양에 있는 섬나라 일본이 겪는 기후 재난은 유난히 심하다. 2019년 태풍 철에는 역사상 가장 큰 재산 피해를 입었다. 그에 더하여 극심한 폭염이 많은 사람의 건강을 위협할 뿐 아니라, 기록적인 폭우가 반복되어 관공서에서 지역 주민을 대피시켜도 끊임없이 사상자가 발생하고 있다.

무엇보다 일본의 기업과 종사자 들을 괴롭히는 것은 태풍이다. 도로나 하천, 항만, 공항 등과 같은 기반 시설을 망가뜨리기 때문이다. 농업 또한 악화된 기상 조건이 입히는 피해에서 벗어나지 못한다. 폭우와 폭설, 심한 우박, 그리고 태풍으로 입는 손해는 해마다 커지고 있다.

이런 이유로 일본 사람들은 기후변화 문제를 매우 심각하게 받아들이고 있다. 그들은 기후변화가 자신들의 삶과 생존, 그리고 미래와 직결된 문제라는 사실을 이해했다. 찬란하게 피어나는 벚꽃은 지금 온 세상에 경고의 메시지를 보내는 신호가 되었다.

반사율 피드백 루프

태양광 반사 능력 감소

반사율(알베도) 스스로 빛을 내지 않는 물체가 빛을 받았을 때 표면에서 빛을 반사하는 능력을 측정하는 단위다. 지구의 반사율은 지구의 눈과 얼음이 태양광을 우주로 반사하는 능력으로, 지구 기온을 낮추는 데 막중한 역할을 한다. 그런데 특히 북극 지역에서 눈과 얼음 면적이 줄어들면서 지구 기온을 낮추는 기능이 떨어지고 있다. 태양광을 반사하는 면적이 줄어드니 반사율이 낮아지고, 그에 따라 기온이 올라가며, 다시 남아 있는 눈과 얼음이 녹는다. 반사율 피드백 루프가 작용하게 된 것이다.

수만 년 동안 지구의 기후가 섬세하게 균형을 맞춘 덕분에 인류의 삶은 확장되고 번성할 수 있었다. 그러나 이 균형은 지금 위태로운 상황에 놓여 있으며, 그에 따라 인류의 삶 또한 앞으로의 번영을 보장받을 수 없게 되었다. 지구의 가장 중요한 냉각 기능 가운데 하나인 반사율 효과가 위협받고 있는 것이 그 원인 중 하나다. 표면에 도달하는 태양광을 반사하는 지구의 능력이 점차 줄어들고 있는 것이다.

북극과 남극의 눈과 얼음은 태양광의 85퍼센트까지 우주로 반사시켜 지구가 너무 뜨거워지는 것을 막아준다. 그런데 지난 몇 년 사이에 이 자연의 거울에 금이 갔다. 그리고 지금은 깨지기 직전이다. 온실가스 배출로 인한 지구온난화가 눈과 얼음을 녹게 만들어 반사율 효과가 줄어들고 있기 때문이다.

지구가 우주로 반사하는 태양광의 양이 줄어들면 지구 기온을 높이는 위험한 순환 작용이 시작된다. 다름 아닌 반사율 피드백 루프다.

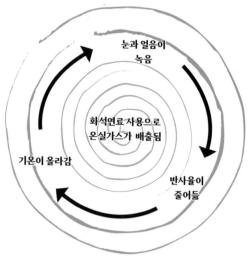

이와 관련된 가장 뚜렷한 변화는 최북단에서 일어나고 있는데 높아진 기온으로 말미암아 육지의 적설뿐 아니라 해빙海氷도 빠르게 사라지고 있다.

미국 뉴햄프셔주 하노버에 있는 다트머스대학에서 지구물리학을 가르치는 돈 페로비치Don Perovich는 해빙 분야의 전문가다. 그는 지난 30년 동안 북극 지역의 변화를 지속적으로 관찰하고 기록했다.

"오랜 기간 동안 해마다 같은 현상이 일정하게 되풀이되어 왔습니다. 1년 중 9~10개월은 해빙 면적이 늘어났다가 2~3개월은 얼음이 녹는 식이었지요. 그런데 지금 그 방식이 달라졌습니다. 녹는 시기는 더 빨라지고 길어진 반면, 결빙 시기는 더 늦어졌어요. 1년 내내 적설과 해빙의 두께가 얇아지고 있는데, 여름이 끝날 무렵에는 특히 심합니다."

이산화탄소와 메탄, 아산화질소와 같은 온실가스 배출로 인한 지구온난화는 북극 지역에서 다른 지역보다 두세 배 빠른 속도로 나타나고 있다.

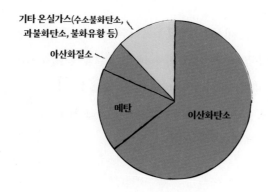

반사율 피드백 루프는 온실가스 배출로 인한 북극 지역 온난화를 더욱 심화시킨다. 북극해의 해빙이 녹아 어두운 바닷물이 드러나는 곳마다 태양광의 에너지를 흡수한다. 태양광을 우주로 되돌려 보내는 것이 아니라 받아들이는 것이다.

페로비치는 이렇게 말한다.

"예를 들어 4월에 북극해 위를 비행하면서 해빙을 내려다본다고 생각해보십시오. 눈으로 덮여 하얗게 빛나고 있을 겁니다. 하지만 여름이 되어 눈이 녹으면 바다의 수면이 점점 더 많이 드러나게 되고 많은 열기를 흡수합니다. 85퍼센트를 반사하는 대신에 90퍼센트를 흡수하게 되는 거지요. 인간이 자연에 있는 최고의 반사체인 눈을 최악의 반사체인 해수면으로 바꿔버린 셈입니다."

노출된 해수면은 눈과 얼음처럼 태양에너지의 85퍼센트를 반사하는 대신 90퍼센트를 흡수한다.

반사율 피드백 루프가 작용하는 과정을 정리하면 다음과 같다.

◎ 상승하는 기온이 눈과 얼음을 녹여 어두운 바닷물을 노출시킨다.
◎ 태양에너지의 85퍼센트를 반사하는 눈과 얼음의 기능이 사라지고, 대신 바다가 태양에너지의 90퍼센트를 흡수한다.
◎ 에너지 흡수량의 증가는 다시 기온 상승을 일으킨다.
◎ 올라간 기온은 다시 눈과 얼음을 녹인다.

이것이 반사율 피드백 루프가 작용하게 만드는 원리다.

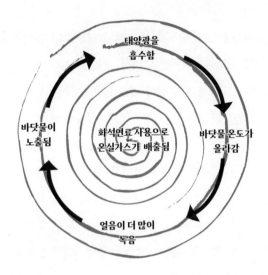

따뜻한 바닷물의 문제

안타깝게도 문제는 이것만이 아니다.

생태학자 조지 우드웰의 견해에 따르면, 북극 지역의 눈과 얼음이 녹으면서 기후에 심각한 영향을 미치는 또 다른 문제가 생긴다.

"겉으로 드러난 어두운 바닷물은 수온이 점점 올라가는 과정에서 이산화탄소와 수증기를 발생시킵니다. 그 결과 기온이 더욱더 올라가게 되지요. 이 현상은 여러 가지 측면에서 아주 위험합니다."

끔찍한 변화

과학자들은 오래전부터 북극해의 해빙 면적을 추정해왔다. 하지만 그 규모에 대한 믿을 만한 자료 확보는 1970년대 초반 인공위성의 도움을 받고서야 비로소 가능해졌다. 덕분에 해빙을 연구하는 과학자들이 기후 모델을 이용하여 정확한 진단을 내릴 수 있게 되었다.

1970년대에 개발된 기후 모델은 대기 중 온실가스 농도의 증가와 반사율 감소로 인해 21세기 말이 되면 해빙이 완전히 사라지기 시작할 것이라고 예측했다.

미국 콜로라도주 볼더에 있는 국립대기연구소에서 기후 모델을 개발하는 과학자 마리카 홀랜드Marika Holland는 이렇게 말한다.

"최초의 기후 모델은 1970년대에 개발되었습니다. 그 모델들은 무척 단순하긴 했지만, 이미 대기 중 온실가스 농도의 증가가 북극 해빙 면적을 급격하게 줄이고, 북극 지역 기온이 다른 지역에 비해 훨씬 많이 올라갈 것이라고 예측했지요."

홀랜드는 21세기 말이 되면 여름에는 해빙이 완전히 없어질 것이라고 예상하고 있다.

1970년대 이후 해빙 면적을 측정하는 기술이 발달하면서 과학자들은 얼마나 많은 해빙이 사라졌는지 알아낼 수 있었는데, 그 결과는 큰 불안감을 불러일으켰다.

제니퍼 프랜시스는 다음과 같이 말한다.

"불과 40년 사이에 북극의 해빙 면적이 75퍼센트나 줄어들었습니다. 그렇게 짧은 기간에 그토록 많은 해빙이 사라지다니, 정말 끔찍한 일이지요. 우리 과학자들은 최근 북극이라는 용어 대신 신북극이라는 용어를 사용하고 있답니다. 오늘날의 북극이 이제까지 우리가 알고 있었던 북극과 너무나 다르기 때문입니다."

우리가 '영원한 얼음'이라고 불렀던 것은 이제 거의 찾아볼 수 없다.

프랜시스의 말을 더 들어보자.

"지금 북극에 있는 얼음은 대부분 '1년짜리 얼음'이라고 부르는 것들입니다. 겨울에 형성되어 다음 해 여름이면 다 녹아서 사라져버리는 얼음이지요."

연구 결과에 따르면 지구온난화의 25퍼센트 정도는 바로 해빙의 감소 때문에 발생했다고 한다. 하지만 주변 육지의 적설이 녹는 것까지 감안하면 해빙과 적설 면적이 줄어들면서 지구의 반사율은 약 40퍼센트 줄어든 것으로 확인된다.

홀랜드는 이렇게 설명한다.

"공중사진을 통해 해빙 면적이 줄어든 것 못지않게 적설도 사라지고 있다는 것을 확인할 수 있습니다. 육지를 덮고 있는 적설은 아주 밝기 때문에 반사율이 특히 뛰어나다는 사실을 생각하면 더욱 안타까운 현상이지요."

북극 지역 온난화를 가속화시키는 반사율 피드백 루프의 영향으로 북극 일대의 풍경은 돌이킬 수 없을 만큼 바뀌게 될 것이다.

홀랜드는 화석연료 사용으로 인한 온실가스 증가가 계속된다면 결국 겨울 해빙마저도 모두 사라지는 지점에 도달하고 말 것이라고 말한다.

이것은 북극해가 250만 년 넘게 얼음으로 덮여 있었다는 사실을 생각하면 정신이 번쩍 들게 만드는 냉정한 판단이다. 더군다나 북극 지역에서 발생한 온난화는 그 지역에만 국한되는 현상이 아니다. 북극 지역을 벗어난 아주 먼 곳까지 영향을 끼친다. 북극의 공기가 지구 전체의 대기와 섞이면서 지구 평균 기온을 끌어 올리기 때문이다.

홀랜드는 북극 지역이 지구의 복잡한 기후 시스템에서 중추적인 역할을 한다고 말한다.

"북극 지역의 해빙이 사라지면 열대지방의 기온도 높아집니다."

그렇게 되면 기후변화의 영향으로 이미 심각한 문제가 발생한 열대지방 주민들은 더욱 심한 고통을 겪게 된다. 농작물 피해는 늘 것이며, 식료품 가격은 치솟을 것이다. 습지는 더욱 습해지고 건조지는 더욱 건조해질 것이다.

해수면 상승에 따른 문제

온난화가 발생시키는 문제는 이제까지 언급한 것들에 그치지 않는다. 기후가 따뜻해지면서 또 다른 기후 피드백 루프의 작용이 시작된다. 따뜻해진 기온의 영향으로 거대한 빙하가 녹으면서 무너져 내린다. 그 결과 많은 양의 물이 바다로 흘러 들어가게 되어 해수면이 올라간다.

지난 30년 동안 그린란드의 빙하는 여섯 배 빠른 속도로 줄어 해수면 상승을 초래했다. 그에 따라 얼음보다 훨씬 따뜻한 바닷물이 더 많이 육지의 얼음에 닿게 되어 더 많은 양의 얼음을 녹게 만든다. 여기에서도 얼음이 녹아 그 영향으로 다시 더 많은 얼음이 녹게 되는 순환 현상을 확인할 수 있다.

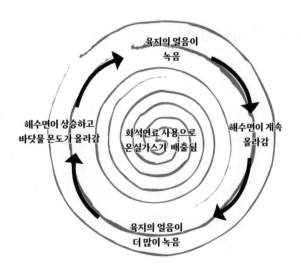

홀랜드의 설명을 더 들어보자.

"남극대륙의 빙하는 4,000만 년 넘게 육지 위에 쌓여 있던 것입니다. 두께가 수 킬로미터에 이르지요. 그런데 남극의 기온 상승으로 빙하가 녹고 있습니다. 남극의 빙하는 워낙 두꺼워서 어느 정도 녹는다 해도 태양광을 반사할 수 있기 때문에 반사율 감소로 인한 피드백 작용은 그다지 없습니다. 하지만 녹아내린 얼음이 바다로 흘러 들어가니 그곳 해수면이 올라가지요."

그린란드와 남극대륙의 빙하가 모두 녹는다면 해수면이 30미터 이상 높아질 수도 있다. 그렇게 된다면 해안선이 붕괴되어 전 세계에서 수백만 명이 삶터를 잃게 될 것이다.

돌이킬 수 없는 지점

이 문제와 관련하여 홀랜드는 티핑포인트를 넘어가서는 안 된다고 경고한다.

"육지의 얼음이 아주 많이 줄어들고 나면 원 상태로 회복되기까지는 아주아주 많은 시간이 걸립니다. 기후 모델의 예측에 의하면 지금 이대로 가다가는 북극 지역에 극심한 변화가 나타나게 될 것이고, 그 변화는 인간의 시스템을 비롯해 생물학적 시스템과 사회경제적 시스템에 이르기까지 모든 시스템에 큰 영향을 미칠 것입니다."

우리가 이제까지 누렸던 삶의 방식을 그대로 유지하는 한 지구온난화는 남극과 북극에서 발생한 기후 피드백 루프를 통제 불능 상태로 만들고 말 것이다.

온 세상을 운영하는 새로운 방식

남극과 북극에서 발생한 문제가 통제 불능 상태에 이를 때까지 수수방관할 수는 없다. 전 세계 모든 나라가 온실가스 배출을 통해 이 문제를 발생시켰으니 다 함께 문제를 해결해야 한다. 그렇게 하기 위해서는 이제까지와는 다른 방식으로 세상을 운영하고 관리해야 한다. 조지 우드웰이 강조했듯이 탄소화합물을 소비하고 거기에서 배출되는 불순물을 대기 중으로 폐기하는 현재의 방식을 더 이상 사용해서는 안 된다.

케리 이매뉴얼은 이 문제와 관련하여 다음과 같은 말을 덧붙이고 있다.

"온실가스 배출은 근본적으로 따지면 시장 실패에 속합니다. 온실가스를 배출하는 기업은 사실상 자신들 활동의 실질적인 비용을 거기에 참여하지 않은 사람들, 그러니까 우리 대부분에게 떠넘기는 셈이지요."

그런데 이 시장 실패는 일어나지 않아도 되는 일이다. 그야말로 모든 경제 분야가 온실가스를 배출하지 않는 새로운 에너지원 확보에 요구되는 기술과 지식을 보유하고 있기 때문이다. 우리에게 필요한 것은 다만 그렇게 하겠다는 의지뿐이다.

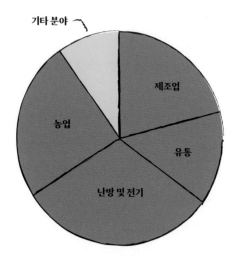

이제 화석연료를 사용함으로써 대기 중 온실가스 농도를 증가시키는 행동을 멈춰야 한다. 지구 기온을 높이고 얼음과 눈을 녹게 만들어 북극 지역의 반사율을 감소시키는 온실가스를 더 이상 대기 중으로 내보내서는 안 된다.

그레타 툰베리와 달라이 라마의 대화

온실가스 배출량을 줄이고 산림 벌채를 중단하여 지구 녹지를 늘리면, 반사율 감소로 인한 영향뿐 아니라 눈과 얼음이 녹는 현상과 결부된 모든 기후 피드백 루프가 멈추거나 심지어는 반대 방향으로 작용하게 만들 수 있다. 기온이 낮아지면서 눈과 얼음이 다시 바다와 육지를 덮고 지구의 반사 능력이 다시 높아져 지구를 치유할 것이다.

가장 위험한 기후 피드백 루프

돈 페로비치는 이렇게 말한다.

"눈과 얼음이 원래 기능을 회복하게 만들기 위해서는 수년 동안 차가운 기온을 유지해 바닷물의 온기를 제거해야 합니다. 수온이 낮아지고 나서야 비로소 얼음이 새로 생성될 것입니다."

하지만 과연 그렇게 될 수 있을까?

페로비치의 의견을 들어보자.

"저는 원래 긍정적인 성격입니다. 기후 문제의 심각성을 깨닫는 많은 사람을 보니 희망이 더 커지더군요. 하지만 마음속에 남아 있는 부정적인 생각이 우리가 이 문제를 오래 끌면 끌수록 해결하기가 더욱더 어려워질 거라고 겁을 줍니다."

이제 더 이상 미루어서는 안 된다. 마침내 행동에 나서야 할 때가 왔다.

인도양의 위력

　　인도네시아의 수도 자카르타는 반사율 피드백 루프의 작용으로 얼음이 녹아 해수면이 올라가는 현상이 모든 해안 지역 주민들의 삶을 위협한다는 사실을 다른 어느 곳보다 먼저 보여주고 있다. 자바섬 북서부 해안에 자리 잡고 있으며 뉴욕보다 인구가 많은 이 도시는 앞으로 10년 안에 영원히 물에 잠겨 거주 불가능한 지역이 될지도 모른다.

　　자카르타의 인구는 1,000만 명이고, 수도권까지 포함하면 3,000만 명에 이른다. 이 많은 사람 대부분이 살고 있는 집을 바닷물 범람으로부터 막아주는 것은 고작 방파제뿐이다. 방파제 바깥쪽에서는 인도양의 파도가 철썩거리며 밀려오고 안쪽은 여기저기 파손되어 있다. 누구든 그것을 보면 그 자리에서 도망치고 싶어질 것이다. 인도네시아 정부도 이미 보르네오섬으로 수도를 옮길 계획을 추진 중이다. 인도양 해수면이 꾸준히 올라가는 바람에 수많은 틈으로 물이 새어 들어오고, 방파제가 받는 부하도 점점 커지고 있다.

　　주민들을 보호하려는 자카르타 시의 노력은 자연재해의 위력을 감당하기에는 역부족이다. 몇 년 전까지만 해도 1.5미터였던 방파제가 그사이에 2미터로 높아졌지만 그것으로도 충분하지 않다. 폭우가 발생하면 바닷물과 빗물, 그리고 온갖 쓰레기가 섞인 더러운 물이 가옥을 덮친다. 가장 심하게 피해를 입는 사람들은 자카르타 북쪽 해안에 사는 가난한 사람들이다. 그들은 이제 복사뼈까지 차오른 물속에서 아이들 식사를 준비하는 일에 익숙해졌다.

자카르타 전체 면적의 20퍼센트가 벌써 해수면 아래로 가라앉았다. 해안에 있거나 삼각주와 석호 안쪽에 위치한 다른 도시들도 지금처럼 눈과 얼음이 녹으면 언젠가는 바다가 집어삼키고 말 것이다. 예를 들어 이탈리아 북부의 수상 도시 베네치아도 물에 잠길 가능성을 배제할 수 없다. 하지만 베네치아는 아직까지는 지나치게 비관적인 전망 아니냐며 넘어갈 수 있는 반면, 자카르타는 이미 물에 가라앉고 있다. 그 이유는 간단하다. 해수면이 높아지면서 동시에 지반 침하가 놀랄 만큼 빠른 속도로 진행되고 있기 때문이다. 부유층 거주 구역에서 도시 시설관리팀이 도로를 원래 높이로 보수하기 위해 아스팔트를 아무리 겹겹이 쌓아도 땅이 꺼지는 속도를 따라잡을 수 없을 정도다. 몇 년 전까지만 해도 길거리를 내려다볼 수 있었던 많은 아파트가 이제는 지하층이 되고 말았다.

자카르타가 이런 상황에 놓이게 된 것은 지난 수십 년

동안 환경을 고려하지 않은 무분별한 성장을 계속했기 때문이다. 합리적인 도시 개발 계획을 세울 시간이 없었기 때문에 대부분의 도로가 아스팔트와 콘크리트로 덮여 있다. 이는 수도관을 통한 생활용수 공급이 제대로 이루어지지 않는 자카르타에서는 아주 치명적이다. 많은 사람, 특히 가난한 사람들이 많든 적든 직접 지하수를 퍼 올려 생활용수로 사용하고 있다. 자신들이 딛고 있는 지반 아래에 구멍을 만드는 셈이다. 이 구멍은 비가 오면 빗물로 채워지지 않는다. 아스팔트와 콘크리트로 덮인 땅에 비가 내리면 아래로 스며들지 못하기 때문이다. 이렇게 해서 바닷물이 지표면을 점점 더 위협적으로 덮치는 동안 지하의 빈 구멍 위에 있는 지반은 밑으로 가라앉게 되는 것이다.

정부와 정책 결정권자들은 이제라도 기후 모델을 개발하고 기후 예측을 내릴 때 기후 피드백 루프의 영향을 감안해야 한다. 그러지 않는다면 놀랄 만큼 빠른 시일 안에 자카르타가 겪는 것과 같은 일이 수많은 지역을 위협할 것이다. 피드백 루프가 티핑포인트에 이르러 통제 불가능한 상태가 되면 그 어떤 모델이나 예측, 계획도 소용없다. 그렇게 되면 자카르타 같은 많은 도시가 완전히 물에 잠겨 수억 명이 보금자리를 잃고 새로운 보금자리를 찾아 헤매야 할 것이다.

3

지금 바로 시작해야 한다

문제는 자신이 만들어놓고
도와달라고 기도를 한다고요?
문제를 만든 게 대체 누구입니까?
신도 아니고, 예수그리스도도 아닙니다.
알라도 아니고, 석가모니도 아닙니다.
바로 우리 인간입니다.

우리는 해낼 수 있다

티베트에 살 때, 나는 지구온난화가 내 고향 티베트에 끼친 영향을 두 눈으로 직접 확인할 수 있었습니다. 내가 어렸을 때 티베트 고산지대의 대부분은 눈으로 덮여 있었지요. 그런데 해를 거듭할수록 눈이 줄어들었습니다. 저지대에 눈이 내리는 일도 거의 없어졌고요.

중국의 한 생태학자는 티베트고원을 '제3의 극지'라고 칭한 적이 있습니다. 지구상에서 북극과 남극 다음으로 큰 빙하가 있는 지역이기 때문입니다. 그런데 이 빙하가 2005년 이후 예전의 두 배 가까운 속도로 녹고 있습니다. 티베트고원은 전 세계 최대의 물 저장고입니다. 아시아에서 가장 큰 강 열 개가 모두 티베트고원을 발원지로 삼고 있습니다. 이 열 개의 강 수역에 사는 인구는 15억 이상이나 됩니다. 전 세계 인구의 20퍼센트를 차지하지요. 사람은 물 없이는 생존할 수 없습니다. 티베트고원의 빙하가 계속 녹는다면 우리가 상상할 수 없는 규모의 물 부족 현상에 직면하게 될 것이며, 아마도 앞으로는 물이 분쟁의 주요 원인이 될 것입니다. 따라서 티베트의 생태계는 무척 중요합니다.

이렇게 볼 때 현재 사정은 상당히 심각합니다. 세계 인구가 끊임없이 늘고 자연 자원을 엄청나게 남용하는 바람에 우리는 지금 기후변화를 겪고 있습니다. 이는 이제까지와는 전혀 다른 새로운 상황이며, 우리가 경험한 적 없는 새로운 문제들을 발생시키고 있습니다. 우리는 그 문제에 관심을 가지고 해결 방안을 모색해야 합니다. 과거에 우리가 산업혁명과 더불어 엄청난 규모의 자연 자원을 소비하기 시작했을 때, 인간 활동이 미치는 영향은 그다지 눈에 띄지 않았습니다. 아마도 우리 행동과 그것이 실제로 환경에 미치는 영향 사이의 인과관계가 장기적이고 간접적인 성격을 띠고 있었기 때문일 것입니다. 그런데 인구가 늘고 소비문화가 확산된 오늘날에는 그 인과관계가 훨씬 분명하게 드러나고 있습니다. 더군다나 상호 의존성의 원리가 작용하여 일단 어떤 한 가지 인과관계가 성립하면, 그 현상을 억제하는 여건이 조성되지 않는 한 일종의 악순환이 일어납니다. 그래서 결국 우리 행동의 영향이 자체적으로 증폭되는 결과를 낳게 됩니다. 이것이 바로 현재 우리가 마주하고 있는 현실입니다.

우리는 지구에서만 살 수 있다

우리는 지난 1,000년 동안 누려온 삶의 방식을 더 이상 유지할 수 없다는 사실을 깨달아야 합니다. 지구온난화로 인해 위협받고 있는 다양한 생태계 시스템을 보호할 방안이 필요하다는 인식이 널리 확산되어야 합니다. 그것이 엄청나게 중요한 문제라는 사실을 확실하게 알아야 합니다.

우리는 지구온난화로 인하여 북반구의 얼음과 눈이 점점 더 빨리 녹고 있다는 사실을 이미 알고 있습니다. 그 현상이 지구 전체에 중대한 결과를 초래할 것이라는 사실 또한 알고 있습니다. 그리고 이제 기후 피드백 루프가 그 일에 결정적인 역할을 한다는 사실을 알게 되었습니다.

기후 피드백 루프라는 이 긴급한 문제와 관련해 이 책에서 과학자들이 제시한 모든 정보와 삽화, 그리고 도표는 매우 큰 도움이 됩니다. 우리가 다음으로 해야 할 일은 위협받고 있는 지역들을 어떻게 보호할 것인가 하는 문제에 대한 해답을 찾는 것입니다. 얼음이 녹는 것을 막고 그 밖의 다른 문제들을 모두 해결하기 위해서는 어떻게 해야 할까요?

우리는 무엇을 해야 할지 알고 있다

예를 들어 우리는 산림 보호에 모든 관심과 노력을 기울여야 한다는 사실을 알고 있습니다. 산림 벌채를 막아야 합니다. 생태계를 보호하기 위한 활동에 적극적으로 참여해야 합니다.

또한 무엇보다 화석연료 사용을 중단하고 지속 가능한 에너지, 청정에너지로 대체해야 합니다. 그런데 우리 중에는 환경과 생태계를 보호하기 위해 자신이 무엇을 해야 할지 모르는 사람이 너무 많습니다.

인간은 수천 년, 아니 사실상 수백만 년 동안 지구에서의 삶을 당연한 것으로 간주해왔습니다. 그렇다 보니 상황이 점점 심각해지고 있는데도 이제까지의 생활 방식을 여전히 고수하고 있습니다. 이것은 중대한 잘못입니다.

감당하기 어려운 문제가 발생하면 인간은 종종 비슷한 방식으로 대처합니다. 신이나 예수그리스도, 석가모니 혹은 알라 신에게 도움을 요청하지요. 그러나 이런 상황에서 기도는 무익합니다. 우리는 초월적인 힘에 의지할 수 없습니다.

우선적으로 기도에 의지하는 것은 상황에 너무 쉽게 대응하는 처사입니다.

문제는 자신이 만들어놓고 도와달라고 기도를 한다고요? 문제를 만든 게 대체 누구입니까? 신도 아니고 예수그리스도도 아닙니다. 알라도 아니고 석가모니도 아닙니다. 바로 우리 인간입니다. 그러니 문제를 해결할 책임도 그 문제를 만든 우리 자신에게 있습니다. 석가모니께서 분명하게 밝히신 것처럼 인간은 항상 자기 자신의 주인입니다. 문제 해결은 우리 자신의 생각과 행동에 달려 있습니다. 그러므로 의식을 완전히 새롭게 바꾸어야 합니다. 그리고 행동으로 옮기기 위한 굳건한 의지가 필요합니다.

나무를 심자!

우리가 할 수 있는 아주 중요한 일이 있습니다. 그 일은 아주 쉽습니다. 나무를 베는 대신 더 많이 심어 이 세상을 더 푸르게 만드는 일입니다. 그것만으로도 상황은 다소 개선될 것입니다.

우리에게는 이미 화석연료를 태우지 않고도 얻을 수 있는 더 깨끗한 에너지가 있습니다. 태양에너지와 풍력 에너지입니다. 그리고 실제로 태양열 발전과 태양광 발전, 그리고 풍력 발전이 이루어지고 있습니다. 우리는 청정에너지가 무엇인지 알고 있으며 그 에너지를 확보하는 법도 알고 있습니다.

내 소망 중 하나는 사하라와 중부 오스트레일리아 같은 지역의 태양에너지를 이용하여 담수화 시설을 운영하는 것입니다. 어쩌면 실현 불가능한 계획일지도 모르겠지만, 성사가 된다면 물의 공급이 용이해져 메마른 땅을 농경지로 사용할 수 있을 것이라 사료됩니다. 그것이야말로 지속 가능한 경제 실현에 일조하는 방법이리라 믿습니다. 여러모로 유익한 점이 많을 것이라 판단되지만 국제적인 협력이 이루어지지 않는 한 달성되기 어려운 계획입니다.

그저 내 희망 사항으로 끝날 수도 있겠지만 나는 여전히 그 꿈을 포기하지 않았습니다. 그리고 언젠가는 실현될 것이라는 가능성을 봅니다.

인류의 미래에 대한 책임을 다하자!

지구를 지키는 길로 나아가기 위해서는 한 걸음의 중요성을 깨닫는 의식이 필요하며, 그 의식은 배움을 통해 확보될 것입니다. 우리는 공부를 계속해야 합니다. 과학자들은 현재의 사태에 대한 자신들의 의견을 개진하고 자신들의 지식을 일반 대중과 공유할 기회를 더 많이 가져야 합니다. 우리가 해야 할 공부는 단지 문제의 근원을 파악하는 데 그쳐서는 안 될 것입니다. 우리 각자 개인으로서, 또한 공동체로서 적용할 수 있는 해결 방안을 찾는 일도 해야 할 것입니다. 공부를 통해, 그리고 그레타 툰베리 같은 젊은 지도자를 통해 우리는 상황의 심각성을 널리 알림으로써 미래 세대가 직면하게 될 문제에 대비하도록, 심지어는 그런 문제가 아예 발생하지 않도록 만들 수 있기 때문입니다.

나는 현재 모든 정치적 활동에서 물러났습니다. 정치에 관한 한 이미 은퇴한 사람인 셈입니다. 하지만 나는 여전히 인류에 봉사하기 위해, 무엇보다 환경 의식을 고취시키기 위해 온 힘을 쏟는 일이 나의 의무라고 생각합니다. 국가 원수나 정부 지도자로서 임기를 마친 사람들에게는 자신의 국가와 정부를 넘어 인류 전체의 복지에 관심을 가지고 기여할 좋은 기회가 있습니다. 일례로 미국의 전 대통령 버락 오바마를 만났을 때의 일을 들어보겠습니다.

몇 가지 중요한 문제를 논의한 후 나는 오바마 전 대통령에게 이렇게 말했습니다.

"저보다 젊은 분이니, 제가 세상을 떠난 후라도 우리가 오늘 나눈 이 생각을 계속 실천해주시기 바랍니다."

오바마 전 대통령은 그렇게 하겠다고 약속했습니다.

모든 지도자와 활동가, 그리고 그레타 툰베리와 같은 젊은 이는 오늘날 특히 중요합니다. 그런 고로 미래 세대를 대표하는 그레타 툰베리에게 부탁이 있습니다. 앞으로도 계속해서 인류의 미래에 대한 책임을 다해주기를, 지금 가진 그 생각을 지키면서 꾸준히 활동해주기를 바랍니다.

우리는 다 함께
사회규범을 변화시키는
움직임을 일으켜야 합니다.
결코 쉽지는 않습니다.
하지만 지금 반드시 해결해야만 할 과제입니다.
다른 선택지는 없습니다.

행동에는
공부하는 것도 포함된다

　기후 위기에 직면한 현 시점에서 우리가 해야 할 일을 구체적으로 언급하기 전에 먼저 분명히 하고 싶은 사실이 있습니다. 기후변화에 대한 대응책을 요구하는 운동은 저 혼자 한 것이 아닙니다. '미래를 위한 금요일Fridays for Future(기후변화 대응 행동을 촉구하는 각국 청소년들의 시위인 '미래를 위한 글로벌 기후 파업'의 일환으로 기후 행동에 나선 세계 청소년들의 연대 모임)' 운동의 성과는 수백만 명에 이르는 다른 사람들과 함께 이룬 것입니다. 나이에 상관없이 수많은 사람이 그 운동에 참여했지만 무엇보다도 청소년들의 적극적인 참여가 큰 비중을 차지했습니다.

　우리가 살고 있는 이 시대에, 인간 사회의 발전이 현재의 단계에 이른 오늘날에, 행동은 곧 우리 스스로 공부하는 것을 의

미합니다. 우리는 기후변화 완화(미래의 기후변화도를 감소시키는 것)에 대한 논의를 시작해야 하며, 그에 필요한 지식과 정보를 얻어야 합니다. 지금 지구에 어떤 일이 일어나고 있는지, 그리고 어떤 일이 일어나지 않고 있는지 알아야 합니다. 그래야만 우리 모두에게 지금 절실하게 필요한 집단의식을 형성할 수 있습니다.

이 책을 읽는 독자 여러분께 부탁드립니다. 부디 환경과 기후변화, 그리고 기후 피드백 루프에 대하여 계속 관심을 가지고 공부해주십시오.

최대한 많은 지식과 정보를 얻기 위해 노력하시기 바랍니다. 아무런 비용을 지불하지 않고도 얻을 수 있는 정보의 양은 거의 무한합니다. 그러니 정보 제공의 모든 소스를 최대한 활용하시고, 그렇게 해서 알게 된 사실을 다른 사람들과 공유해 지구를 보호하는 데 필요한 의식을 널리 전파해주십시오.

우리는 다 함께 사회규범을 변화시키는 움직임을 일으켜야 합니다. 결코 쉽지는 않습니다. 하지만 지금 반드시 해결해야만 할 과제입니다. 다른 선택지는 없습니다. 변화를 요구하는 사람들이 충분히 많아질 때에만 오늘날 지구에 닥친 위기를 극복할 기회가 생깁니다. 그래야만 이 세상의 지도자들이 우리의 요구를 진지하게 검토할 것입니다. 더 이상 듣지 못한 척하거나 외면하지 못할 것입니다.

물론 구체적인 해결 방안에 대한 논의가 필요합니다. 그와

그레타 툰베리와 달라이 라마의 대화

관련해서 이 책의 뒷부분에 자세히 소개하고 있습니다.

실제로는 다양한 종류의 해결책 가운데 어떤 것을 고를 기회가 우리에게는 없습니다. 그저 자연을 원래의 상태로 되돌려 놓는 데 필요한 일이라면 그것이 무엇이든 모두 해야만 합니다.

자연을 되돌려놓는 일은 기후 위기뿐 아니라 다른 많은 위기를 해결할 것입니다. 생물 다양성 위기가 그 좋은 예입니다. 많은 생물 종이 사라지고 풍경이 바뀌고 그에 따라 유전자의 다양성과 생태계의 다양성이 빠르게 줄어들고 있습니다. 자연을 회복시키기 위해서는 자연을 대하는 인간의 방식과 태도를 바꿔야 합니다. 자연에 더 많은 의미를 부여해야 합니다.

지금 있는
바로 그곳에서 시작해야 한다

    우리는 기후 피드백 루프가 작용하고 있다는 사실을 깨달아야 합니다. 그 사실을 분명하게 밝히고 그에 대응하는 행동을 취해야 합니다. 바로 지금 그렇게 해야 합니다. 기후 피드백 루프는 거대한 규모로 발생하는 현상이라 그에 맞서기에는 우리가 너무 작고 무력하게 느껴집니다. 하지만 우리 모두 각자의 위치에서, 그리고 함께 모여서 노력하면 무언가를 이룰 수 있습니다.

    능력과 관심사, 지식과 경험은 서로 다를지라도 이 책을 읽는 독자는 기후 피드백 루프에 맞서는 행동을 시작한 셈입니다. 기후 위기가 우리 모두의 일상에 어떤 방식으로든 영향을 미치는 것처럼 우리 모두가 기후 위기에 맞서서 해야 할 일, 할 수 있는 일이 있습니다. 기후 행동에 참여할 의사가 있으신가요? 그렇다면 어디에 살고 계시든지, 그곳에 당신을 이끌어주고 행동을 함께 해줄 기후 운동가들이 있다는 사실을 장담할 수 있습니다. 당신은 결코 혼자가 아닙니다.

이 책은 경험과 지식, 그리고 깨달음에서 얻은 지혜로 여러분을 무지에서 깨어나게 할 것이며, 열정을 가지고 생존을 위한 공동 투쟁에 참여하도록 이끌 것입니다. 또한 우리가 사랑할 수 있고 자랑스럽게 여길 수 있는 미래로 가는 길을 밝혀줄 빛이 될 것입니다.

지구가 수많은 구성 요소들이 긴밀하게 얽힌, 살아 있는 시스템이라는 사실을 절대로 잊어서는 안 됩니다. 우리의 편익을 위해 이 사실을 무시할 수 없으며, 이 사실 때문에 발생하는 영향으로부터 벗어날 수도 없습니다. 인간은 어떤 시기에든, 그리고 어떤 방식으로든 지구와 운명 공동체입니다. 우리가 지구에 행하는 잘못은 우리 자신에게 저지르는 잘못이며, 우리가 지구로부터 빼앗는 것은 우리 자신으로부터 빼앗는 것입니다. 이 진실을 이해할 때 비로소 근본적인 전환이 가능할 것입니다.

여기서 근본적인 전환이란 우리의 인식과 태도가 완전히 바뀌는 것뿐 아니라 우리의 유일한 집인 이 지구와 우리가 맺고 있는 정서적인 관계도 완전히 달라진다는 것을 가리킵니다. 근본적인 전환을 통해 우리는 현재의 기후 위기를 초래한 원인을 더 깊이 이해할 수 있게 될 것이며, 문제를 해결할 능력을 키

우게 될 것입니다. 바로 거기에 모든 사람을 위한 더 나은 미래의 가능성이 있습니다.

몇몇 사람들은 전쟁과 빈곤, 난민 문제와 물 부족 현상 등 기후 위기보다 더 시급하게 해결되어야 할 문제들이 있다고 주장할지도 모릅니다. 그들은 그 문제들이 훨씬 직접적으로 닥친 위기이기 때문에 기후 위기에 관심을 쏟을 여력이 없다고 강조합니다. 또 어떤 사람들은 기후 위기가 엄청난 규모의 문제라 각국 정부 차원에서만, 그리고 국제적인 협조를 통해서만 해결될 수 있으며, 개인이 할 수 있는 일은 전혀 없다고 말할 수도 있습니다.

이런 의견들에 대한 대답은 다음과 같습니다. 우리는 다른 사람들이 언젠가는 할지도 모를 어떤 일이 일어나기를 마냥 기다리고 있을 만한 시간적 여유가 없습니다. 이 책에서 밝힌 기후 피드백 루프의 위험성은 현재의 상황이 얼마나 급박한지 매우 명확하게 보여주고 있습니다. 이 책이 전하는 메시지를 가슴 깊이 새기시기를 부탁드립니다. 우리 모두가 한 사람도 빠짐없이 기후 위기에 맞서서 무언가를 할 수 있습니다.

우리는 과학자들의 설명 덕분에 기후 위기가 발생하게 된 원인과 조건을 알고 있습니다. 그리고 최근에는 과학자들이 자연을 자기치료 과정으로 인도하기 위해 쓸 수 있는 여러 가지 방법을 제시하고 있습니다. 그러니 한 사람도 빠짐없이 기후 행동에 동참하겠다는 의지를 갖고 실천하시기 바랍니다.

이제부터 여러분이 지구와 지구의 모든 생명체, 그리고 자연 자원을 지키는 투사가 되도록 이끌어줄 몇 가지 제안을 해보려 합니다.

이 제안들을 하나의 출발점으로 삼아 다른 좋은 생각들도 많이 해보시기 바랍니다. 여러분이 지금 계시는 바로 그곳에서 당장 시작하십시오.

◎ 자신의 태도와 말과 행동이 환경 운동과 기후변화 완화에 영향을 미친다는 사실을 매일 의식하면서 생활하십시오.

◎ 생태 불안감이 너무 심해지지 않도록, 그리고 마음과 머리로 다른 사람들과의 연대의식을 키울 수 있도록 정신적인 저항력을 기르십시오.

 - 정기적으로 명상 수련에 참여하십시오. 명상은 여러분이 긴장을 풀고 맑은 머리를 유지하는 데 도움이 됩니다. 또한 현실의 근본에 대한 통찰력을 길러줄 뿐 아니라, 우리 모두가 서로 어떻게 연관되어 있는지 더 잘 이해할 수 있게 만듭니다.

 - 공감 능력을 향상시키는 연습은 여러분이 다른 사람들과의 연대감을 마음속 깊이 받아들일 수 있게 합니다. 다른 사람, 사회적 약자와의 연대감도 느낄 수 있게 만들어줍니다.

 - 기도를 통해 자신의 정신성과 더 깊게 결합할 수 있습니다.

 - 기후 위기의 현실을 마주했을 때 느껴지는 슬픔을 자신에게 허용하십시오. 내면의 슬픔은 여러분이 현실에 무감각하지 않

게 하고, 현실을 부정하지 않게 할 것입니다. 마음껏 슬퍼함으로써 오히려 진정으로 자신을 발전시킬 수 있게 될 것입니다.

◎ 자연과 친밀한 관계를 맺을 수 있는 길을 찾으십시오.

- 지구는 살아 있으며, 우리 모두 그 살아 있는 시스템의 일부라는 사실을 깨달으십시오. 모든 인간과 동물, 곤충과 식물, 그리고 모든 나무와 미생물이 지구라는 놀라운 공동체의 구성원입니다. 우리가 그 모든 생명체와 서로 연결되어 있다고 깨닫는 것이 비로소 우리를 지구 공동체의 일원으로 만듭니다.

- 정원이나 텃밭을 만드십시오.

◎ 환경운동가 반다나 시바Vandana Shiva는 이렇게 말합니다.

"땅을 돌본다는 것은 땅을 살아 있는 존재로 여기고, 온 힘을 다하여 땅을 이롭게 한다는 뜻입니다. 그리고 그것은 곧 땅과 친숙해져야 한다는 말입니다."

그러니 맨손으로 흙을 파헤치고 맨발로 흙을 밟으십시오.

- 나무를 심으십시오. 나무를, 특히 오래된 큰 나무를 베는 일을 피하십시오.

- 소속된 단체가 있다면 함께 모여 자연에 귀 기울이고 경탄할 기회를 만드십시오.

◎ 가족과 친지를 비롯해서 종교 단체 및 사회, 경제 단체의 지도자, 그리고 교사와 교육청 관계자 등 많은 사람과 대화를 나누십시오.

- 그들에게 스스로 가속화하고 있는 기후 피드백 루프 현상에

대하여 알려주십시오. 그리고 이 현상을 멈추게 하기 위해, 심지어는 반대 방향으로 작용하게 하기 위해 그들이 할 수 있는 일이 있다는 사실을 알려주십시오.

◎ 다음과 같은 환경보호 운동 단체를 후원하십시오.

- 오래된 산림을 보호하는 단체
- 복합적인 생물 다양성을 지닌 지역의 보존을 위해 애쓰는 단체
- 자연보호 지역을 지키고 확대하는 단체
- 화석연료를 대체할 에너지원을 공급하는 단체

◎ 여러분이 무엇을 소비하고 있는지 신경을 쓰십시오. 그리고 여러분의 탄소 발자국(사람이 활동하거나 상품을 생산·소비하는 과정에서 직간접적으로 발생하는 이산화탄소의 총량)을 최대한 줄이는 방향으로 소비 행태를 바꾸십시오.

- 의식적으로 지역의 농장이나 밭에서 나온 식품을 드십시오. 공장형 축산 방식(종래의 전통적인 방목형 축산과 달리 동물권이나 동물 복지를 고려하지 않고 효율성만을 우선시하여 좁은 시설에서 식용 동물을 대량으로 사육하는 방식)으로 생산된 축산품 소비를 중단하십시오.
- 태양이나 풍력과 같은 재생 가능한 에너지원을 사용하시고, 그런 에너지 생산 기업에 투자하십시오.
- 생산 과정과 결과에서 환경을 고려하지 않는 거대 기업의 제품을 구입하거나 그 기업 주식을 매수하는 일을 되도록 피하십시오.
- 탄소를 적게 배출하는 이동 수단을 사용하십시오.

- 자동차를 타는 대신 걷거나 자전거를 타거나 대중교통을 이용하십시오.
- 자동차를 타실 경우 전기차나 수소차를 이용하십시오. 그리고 카풀과 차량 공유 서비스를 사용하십시오.
- 비행기 여행을 줄이십시오.
  - 쓰레기를 줄이고 재활용과 리사이클링을 실천하십시오.
◎ 친지들에게 이 책을 소개하십시오.
◎ 유엔기후변화협약처럼 기후변화에 대한 각국 정부의 공동 대응책을 요구하는 운동에 동참하십시오.
◎ 그리고 무엇보다도 투표하십시오! 기후 위기가 중대한 문제라는 점을 인식하고 있는 국가 원수와 정부 수장을 뽑으십시오. 기후학자들은 하나같이 우리 모두가 할 수 있는 가장 중요한 일이 기후 문제의 심각성을 알고 있는 정치 지도자를 선출하는 일이라고 강조합니다. 여러분이 선출한 정치 지도자에게 과학에 근거한 해결 방안을 추진할 임무를 맡기십시오.

마지막으로 덧붙이고 싶은 말이 있습니다. 이 책이 여러분을 기후 피드백 루프에 대하여 더 잘 알게 만들어 기후 위기에 맞서는, 보다 큰 운동에 참여하도록 자극했기를 바랍니다. 지금이 바로 대화를 나누고 긴밀하게 연결된 시스템의 일원이 될 때입니다. 여러분이 누구든, 어디에 살든 혹은 어떤 정치적 견해를 가졌든 지구를 구하는 운동에 함께할 수 있습니다. 우리 모두가 함께하는, 피드백 루프의 작용을 되돌리는 과정은 매우 뜻깊을 뿐 아니라 기쁨을 선사할 수도 있습니다. 이 운동에 동참하신다면 여러분은 새로운 목표를 세우고 적절한 대화를 하면서 자신만의 피드백 루프를 만들어낼 것입니다. 그리고 그것은 불안한 우리 세상의 열기를 식혀주는 시원한 바람이 될 것입니다.

수전 바우어-우, 툽텐 진파

내가 《그레타 툰베리의 금요일》을 번역할 무렵 그레타는 열여섯 살이었다. 그렇게 어린 나이에 유엔 기후행동 정상회담에서 세계 각국의 지도자를 향해, 그리고 모든 어른들을 향해 "어떻게 감히 그럴 수가 있나요?" 하고 비난했던 그레타를 이책에서 다시 만났다. 이 책은 이제 열아홉 살이 된 그레타가 세계에서 가장 영향력 있는 정신적 지도자로 추앙받는 달라이 라마와 기후 문제에 대하여 화상으로 나눈 대담을 바탕으로펴낸 책이다.

책을 처음 받았을 때 과학적인 내용이 큰 비중을 차지하고있어서 인문학을 전공한 내가 과연 제대로 옮길 수 있을지 걱정이 되었다. 번역에 들어가기 전에 전체적인 내용을 파악하기 위해 처음부터 끝까지 훑어보니 정작 내 마음을 무겁게 한 것은 걱정했던 것과는 전혀 다른 문제였다.

내용 자체로만 놓고 보면 일반 대중이 충분히 이해할 수 있을 정도로 쉽게 풀어 쓴 글이어서 독자가 이해하기 어려워할 만한 부분은 거의 없었다. 하지만 이 책은 독자들에게 기후 위기의 현실을 이해시키는 데 그치지 않는다. 지금 우리가 놓여 있는 상황의 심각성을 정확하게 인식하고, 그 상황을 변화시키기 위해 행동해야 한다고 요청한다. 내 마음을 무겁게 만든 것은 바로 그 요청이었다. 이 책을 우리말로 옮기는 내가 이 책의 첫 번째 독자이기 때문이다.

이 책을 읽는 독자는 지구온난화가 낳은 결과가 다시 온난화를 부추기는 원인으로 작용하는 악순환이 되풀이되고 있다는 사실을 알게 된다. 그리고 더 이상 돌이킬 수 없는 지점을 향해서 가고 있다는 사실도 알게 된다.

곰곰이 생각해보면 가슴 떨리게 무서운 일인데도 사실의 무게를 실감하기가 너무 어렵다. 우리는 가끔 뉴스에서 태풍이나 홍수, 대형 산불로 인한 끔찍한 피해를 마주할 때, 그 재난이 지구온난화에 따른 이상기후 현상이라는 말을 들어도 그저 잠시 걱정이 마음을 스쳐 갈 뿐 기후 위기의 심각성은 그리와 닿지 않는다. 자신에게 직접 닥친 재난이 아니기 때문이다. 게다가 일상에 직접적이고 즉각적인 영향을 미치는 다른 사회·경제적인, 또는 정치적인 요인들과 달리 기후 변화로 인한 영향은 지금 당장 눈앞에 나타나는 것이 아니다.

위험성을 제대로 인식하지 못하기 때문에 얼마나 위험한지 깨닫지 못한다는 점에서 기후 변화는 더 위험하다. 달라이 라마가 지적한 것처럼 기후 위기가 가져온 무서운 결과를 맞닥뜨리고 나서야 대응책을 찾는다면 때는 이미 너무 늦을 것이다.

그래서 이 책은 독자에게 지금 있는 그 자리에서 기후 변화를 완화시킬 수 있는 행동에 나서라고 촉구한다. '나 혼자 무언가 한다고 해서 얼마나 도움이 되겠어?' 하는 생각을 버리고 각자 자신의 위치에서 할 수 있는 모든 일을 하라고 간절하게 부탁한다. 한 사람 한 사람이 모두 중요하다고 강조한다.

번역 작업을 마치고 나서 이렇게 마음이 무거운 적은 없었다. 옮긴이로서의 할 일은 끝났지만, 이 책을 읽은 독자로서의 할 일은 이제 시작이었기 때문이다. 과연 무엇을 해야 할지, 아니 무엇을 할 수 있을지 고민이 되었는데, 책의 마지막 부분에 나와 있는 제안이 도움이 되었다.

기후 문제에 조금이라도 관심이 있는 사람이라면 누구나 일상생활에서 탄소 배출을 줄여야 한다는 사실을 알고 있지만, 실천하기가 쉽지 않다. 여름철 냉방 설정 온도를 26도에, 그리고 겨울철 난방 설정 온도를 20도에 맞추는 일은 함께 사는 가족이 있는 한 가족의 동의가 있어야 한다. 이 책에서도 되도록 주변 사람들에게 기후 위기의 실상을 알리고, 기후 행동에 동참할 것을 권유하라고 부탁한다. 내가 먼저 바뀌고 내 가족과 내가 아는 사람들을 바꾸어야 한다. 그렇게 하려면 사실 유난스럽게 군다는 비난을 어느 정도 감수할 수밖에 없다.

마지막으로 두 가지 캠페인을 소개한다.

한국기후·환경네트워크의 '온실가스 1인 1톤 줄이기' 캠페인에서는 교통, 냉난방, 전기, 자원의 네 부분으로 나누어 구체적인 실천 방안을 통해 연간 탄소 배출량을 얼마나 줄일 수 있는지 제시하고 있다. 이 책을 읽는 독자들이 부디 '온실가스 1인 1톤 줄이기'에 더 많이 동참하기를 바란다.

소비문화 캠페인 '점프'는 최근 영국에서 시작된 캠페인이다. 일상생활에서 탄소 배출을 줄이자고 하는 이 캠페인에서는 '지구를 지키며 행복하게 살기 위한 여섯 가지 생활의 전환'을 내세우고 있는데, 나는 그 가운데 채식 많이 하기, 전자 제품 최소 7년 쓰기, 되도록 승용차 타지 않기, 그리고 단거리 비행은 3년에 한 번, 장거리 비행은 8년에 한 번 하기. 이렇게 네 가지 정도는 실천할 수 있을 것 같다. 이 책을 읽는 독자들은 부디 더 많이 실천할 수 있기를 바란다.

2022년 4월

고영아

우리가 이제까지의 방식을 그대로 유지한다면

결코 이 세상을 구할 수 없습니다.

우리가 지켜온 방식들은 바뀌어야 합니다.

모든 것이 바뀌어야 합니다.

그리고 그 변화는 바로 지금 시작되어야 합니다.

– 그레타 툰베리

우리에게 지금 당장 필요한 것은

인류가 결국 하나의 운명 공동체라는 의식,

지구상의 모든 사람을 합쳐서 '우리'로 묶는 감정입니다.

– 달라이 라마

그레타 툰베리와 달라이 라마의 대화

초판 1쇄 펴낸날 2022년 6월 13일

지은이   수전 바우어-우, 툽텐 진파
옮긴이   고영아
편집장   한해숙
편집   신경아, 이경희
디자인   최성수, 이이환
마케팅   박영준, 한지훈
홍보   정보영, 박소현
영업관리   김효순

펴낸이   조은희
펴낸곳   주식회사 한솔수북
출판등록   제2013-000276호
주소   03996 서울시 마포구 월드컵로 96 영훈빌딩 5층
전화   편집 02-2001-5822 영업 02-2001-5828
팩스   02-2060-0108
전자우편   isoobook@eduhansol.co.kr
블로그   blog.naver.com/hsoobook
페이스북   chaekdam
인스타그램 chaekdam

ISBN 979-11-7028-060-6

큐알 코드를 찍어서
독자 참여 신청을 하시면
선물을 보내 드립니다.

다른 내일을 만드는 상상